书山有路勤为径,优质资源伴你行
注册世纪波学院会员,享精品图书增值服务

业绩密码

卓越政企销售

REVENUE BOOSTER
ESSENTIALS FOR ENTERPRISE AND GOVERNMENT SALES

文霞 著

电子工业出版社
Publishing House of Electronics Industry
北京·BEIJING

未经许可，不得以任何方式复制或抄袭本书之部分或全部内容。
版权所有，侵权必究。

图书在版编目（CIP）数据

业绩密码：卓越政企销售 / 文霞著. -- 北京：电子工业出版社, 2025. 3. -- ISBN 978-7-121-49460-4

Ⅰ. F274

中国国家版本馆CIP数据核字第2025DU0073号

责任编辑：刘淑丽　　文字编辑：刘淑敏
印　　刷：三河市良远印务有限公司
装　　订：三河市良远印务有限公司
出版发行：电子工业出版社
　　　　　北京市海淀区万寿路173信箱　　邮编100036
开　　本：720×1000　1/16　　印张：13　　字数：173千字
版　　次：2025年3月第1版
印　　次：2025年4月第2次印刷
定　　价：65.00元

凡所购买电子工业出版社图书有缺损问题，请向购买书店调换。若书店售缺，请与本社发行部联系，联系及邮购电话：（010）88254888，88258888。
质量投诉请发邮件至zlts@phei.com.cn，盗版侵权举报请发邮件至dbqq@phei.com.cn。
本书咨询联系方式：（010）88254199，sjb@phei.com.cn。

推荐序一

在市场经济社会中,市场营销是每一个企业都必须高度重视的工作环节。因此,我们在市场上看到许多有关市场营销的书籍,讲述有关市场营销的机理、策略,甚至实际操作的有关指导,然而,本书的作者却关注到了市场营销的一个重要分支——对政府和企业客户(简称政企)的营销,而在这个领域成体系的研究目前看到的还不多,就目前中国的经济发展形态来看,这方面的理论研究和实际应用都变得越来越重要。尤其是对大多数企业而言,只有更高质量地推进政企销售,才能在市场拥有一席之地。

提供政企业务的企业种类繁多,他们的业态、生命周期、人力资源和生态伙伴的可获得性各有不同,这也让政企销售方法的总结沉淀备受挑战。

《业绩密码:卓越政企销售》一书正是一本为探索政企销售而生的力作。本书以作者丰富的实战经验和深刻的理论洞见为基础,为读者揭示了政企销售的核心密码。作者跨越国有、外资、民营等多种企业形态的工作经历,以及在全球顶尖咨询公司如埃森哲的历练,使其能够从多元视角出发,对政企销售进行深入剖析。

首先,本书并没有将政企销售的过程机械化地归纳为几步,而是从销售如何对企业经营产生贡献开始,拆解了价值落地的环节,并且根据业态的不同,归纳了销售资源配置的模式、三种基本销售模式,使其能够对应到客户方生产物资采购或综合采购的流程中。销售阶段与该阶段目标、检点条目的直接对应,使其更具价值导向,可谓"神形兼备"。

其次，本书创造性地提出了"需""人""领""值""采"这个简单上口的"销售五字诀"，可以被用来进行各销售阶段的质量控制，比如，销售团队用于自查，或者销售管理用于阶段性检查。

再次，书中特别强调了如何通过跨技能专业团队的协同来实现客户渗透、销售阶段的高效推进。对于销售过程中所需角色进行了说明，不执一端且形象地给出了"二人转""铁三角"等分工协作形式。

本书对底层逻辑的论证使其具备较强的适配性，既可以被涉及政企业务的企业快速参考学习，又可以尽量使企业避免"邯郸学步"。这些具有普遍适用性的总结离不开长期的实践和不断的系统化迭代。

我与作者因工作认识20余年，繁忙之中交流寥寥数次，但很钦佩她长期坚持边工作边学习、不断提升自我的勇气和恒心，更让我为她感到高兴的是她将学习、工作和研究的成果总结出来、写成书分享给读者。因此，我愿意应邀作序，向致力于提升政企销售业绩的朋友们隆重推荐本书，并热切期望更多的涉及政企业务的企业能够从本书中受益，让政企销售成为助力企业突破业绩瓶颈的重要手段之一。

沙跃家
中国大连高级管理学院特聘教授
中国一汽集团外部董事

推荐序二

企业或政府间的销售,也就是政企营销,是营销领域的重要课题之一,对那些提供政企服务或解决方案的企业而言,它影响着其与外部客户的价值交换,是企业经营收入的依托和源头。涉及政企业务的企业早期可能依托于资源,而进入规模化发展期时,就需要梳理出一系列行之有效的销售方法来有效调度新老员工和生态资源。所谓行之有效,是指每次按照同样的方法和标准,都能大概率产出期望的商业结果。

要让政企销售行之有效,就必然要解决一系列的问题,比如,怎样孵化高潜力的线索,如何高效达成签约,如何保持可盈利的销售,如何向已有大客户销售更多,怎样在充分竞争中脱颖而出,如何深入理解和挖掘客户需求,等等。

上述问题的解决有赖一系列跨职能协同。这就要求政企销售不能是一套孤立的体系,销售活动要与品牌战略、市场传播、客户策略、交付、研发等相关活动紧密协同。

从销售本身来讲,在政企营销中,一旦客户开始进行团队采购,那么依靠销售人员单打独斗的销售方法就几乎难以奏效了。客户采购团队的规模和决策链结构,会影响销售团队的分工和协同。销售团队分工协同的节奏和步骤也需要依照客户的采购流程来推进执行。

从销售资源排布来讲,第一个层面是要确定是否引入渠道商、合作伙伴;第二个层面是要确定相关团队是下沉到区域,还是相对集中。这些与产品复杂性、客户数量及大小、资源可获得性等要素有所关联。

鉴于企业的多样性，企业需要以科学的方法，在充足的商业逻辑论证的前提下总结、归纳、推行政企销售方法。

《业绩密码：卓越政企销售》一书中，作者结合客户行为学和企业实践，详细阐述了销售职能与其他领域的钩稽关系，说明了销售各阶段的管理要点、目标设定、关键行动及角色分配，介绍了销售资源的排布和销售组织发展的要点，为政企销售提供了可操作的科学框架。本书不仅是一本关于政企销售策略与实战技巧的参考书，更是一份科学管理思维在商业实践中的深度体现，其内容对于企业如何在高质量发展的新时代下优化销售过程、提升业绩表现具有重要指导意义。它不仅适合服务于政企客户的销售团队、管理层及决策者阅读，对于教育机构、咨询公司以及所有关注销售管理优化的读者来说，也是一本不可多得的参考书。我衷心推荐此书，相信它将为读者带来新的启发与收获。

高维和

上海财经大学商学院副院长　讲席教授

序

工作20余年，经历了国资世界500强企业、全球著名咨询公司、民营企业，我职业生涯中有那么一个时刻让我至今难忘。那时，我刚刚离开一家知名外资汽车企业，加入尚在创业期、产品刚崭露头角的一家国资新能源汽车企业。一边"撸起袖子"，一边希望能够将在外企的一身所学所悟报于民族企业。入职的第一天是五一节后的第一个工作日，班车开出北京南五环，到达一个满是果园的地方。由于几轮面试都是在城区完成的，尽管我对工作地点有心理准备，但还是被新鲜的空气惊艳到了，开始思考错过班车的话怎样通勤往来。怀着激动的心情走下班车，随着陌生的同事们从满是新绿的树下穿过工厂大门。遥想我之前在外资车企的一个工厂供职时，办公区域刚好搭建在涂装和总装车间之间，在两个车间的连廊上，喷涂好车漆的各色时尚车身在灯光的辉映下，通过传送带，被缓慢而安静地送往总装车间。办公区域错落排布在连廊两边的上下几层，周围墙上挂着艺术画作。即使不放眼望，员工心里也投射着那个优雅的、正在进行的、运送车身的闪亮画面。我也不知多少次在路过走廊时端着电脑和咖啡望着楼下运送车身的连廊，着眼欣赏。而眼前，这个创业期的新东家没有成熟工厂的井然有序和安静，却带着一种独特的、略显凌乱但充满生机的感觉。经过工厂到办公区的一路上，响亮浑厚的"嘎吱嘎吱"的绞索声音不绝于耳。对比外资工厂安静的样子，我突然有了一种双脚站在地上的感觉，似乎站在了一片正在开垦的土地上，这里将先后撒下上百颗种子，我也刚好准备了一颗。

入职之后，陆续又见到几个外企来的同事，没有事先的交流，其中一个同事告诉我说："我知道从外企学的一身本事用在哪了。"这个以小米加步枪的水平支持公司实现早期收入的车间后来关闭了，但那时大家心无旁骛一心奋斗的样子让我感念至今。

虽然因故离开了这家企业，但"把过往所学所悟报于民族企业"的想法，仍然在我的脑海中。在创立咨询公司并服务更多的客户之后，我希望能够结合早先的沉淀和最新的总结，以融汇东西的视角来输出一些方法和框架，以此来惠及更多的企业和朋友。

当前的大环境下，"世界百年未有之大变局加速演进"，机遇和威胁就在这变局中产生。如何以确定的方式拥抱不确定，如何坚守主业、创新发展，已经成为企业的长期必修课题。随着经济增长放缓，高质量发展成为新时代经济发展的核心要求，企业面临的竞争会越加充分，科技创新、市场推广和相应的管理需求会越加旺盛。我们基于2022年对中小企业的调研发现，在运营层面，销售到回款是企业面临的核心问题之一。我在全球头部咨询公司埃森哲任职时，有幸于2008年到2014年服务华为、三一重工等企业，参与或领导了这些企业中CRM（客户关系管理）项目群下与LTC（线索到回款）相关的多个项目，结合我的甲方管理实践及近期对不同业态客户的咨询服务，我为大家带来《业绩密码：卓越政企销售》。

《业绩密码：卓越政企销售》面向服务政企客户的企业和个人，提炼有关高质量销售和交易的、可复制的方法，以此助力企业和个人达成业绩目标。本书阐述如何协同跨技能的专业团队，通过客户渗透、销售阶段的高质量推进、销售与其他活动的钩稽，实现销售高效、财务健康和客户满意。

结合多种企业的政企营销实践和客户行为学等底层逻辑，本书首次归纳了三种基本销售模式，从价值驱动的视角阐述政企营销的意义及其影响的关键衡量指标，沿着客户获取和销售过程依次展开各阶段的管理要点、阶段目标、行动、关键输出和相关角色，并在相关阶段中阐述不同销售模式下的活动差异。在本书的最后三章，读者还可了解有关销售管道管理、客户关系管理、成长性销售组织的内容，以便更好地管理和运营与政企营销相关的业务环节。

如果您是服务政企客户的企业高管、团队管理人员、销售管理人员、客户经理或销售经理、售前人员和交付团队人员，欢迎品鉴本书或垂询交流。对于需要经常和销售团队（含销售、售前和交付等角色）配合的研发团队，本书也可供适当参照。

在我们继续展开阅读之前，以下三点需要说明。

（1）每个企业中都会有销售精英，他们数量稀少，但颇具天赋。他们有敏感的商业意识，可以用创新的途径开辟和赢得商业战场，而不是等待"上级指令"或"领导铺路"；当需要跨部门协同的时候，天生的领袖气质可以帮助他们"左右逢源"，而无须依靠"制度的支持"或"领导的协调"。如果您刚好是这类读者，本书可供您兼收并蓄，我更加期待您的宝贵经验被萃取和推广开来，而非以任何人的过往经验来束缚创想。

（2）对于还在创业中的企业，对本书的内容要因地制宜地适配，基于问题导向来酌情使用。在商业模式还未稳定的时候，应以"趟通"业务和解决矛盾为要，强行"导入"流程可能会限制业务原本的模式和走向。"深淘滩，低作堰"，包括销售活动管理在内的流程管理与大禹治水同出一辙，重点在于依据"业务最能适合内外部环境"的面貌连通协作通路、明确活动标准，而非依靠"人为规定"来裹挟企业活动。流程因还原业务本质而生，需要描述最适合的做业务的方法。业务先于流程，这是我们对"业务本质"实事求是的尊重。

（3）对于衰退期的企业，或者长期未明确主营业务、业务模式没有趟通的企业，很抱歉，本书为您提供的帮助或许有限，建议您更多地诉诸战略调整或业务创新。

带着以上思考，让我们来展开阅读。

目 录

第1章　卓越政企销售：步步为盈　001
1.1　人类演进的加速与政企销售的专业化　002
1.2　价值驱动的政企销售　005
1.3　高质量地推进销售进度　018
1.4　思考总结　031

第2章　客户策略与规划：明确市场扩张、渗透路径　032
2.1　竞争版图与资源分配　033
2.2　市场突破　039
2.3　需求的起源和形成　042
2.4　客户规划　044
2.5　本阶段的关键角色及职责　048
2.6　思考总结　049

第3章　线索生成：扩大线索来源　050
3.1　线索是潜在的销售机会　051
3.2　线索生成与收集　052

3.3　线索的验证与派发　　062
3.4　阶段目标、行动、关键输出　　064
3.5　本阶段的关键角色及职责　　065
3.6　思考总结　　066

第4章　线索培育：挖掘需求，拿到入场券　　067

4.1　从"需要"到"需求规格"　　068
4.2　从责任人到决策链　　075
4.3　从功能需求到全面需求　　077
4.4　客户期望的管理　　078
4.5　个人客户关系与商务关系　　080
4.6　制定竞争策略　　085
4.7　拿到入场券　　089
4.8　阶段目标、行动、关键输出、检点　　090
4.9　本阶段的关键角色及职责　　092
4.10　思考总结　　093

第5章　销售立项：像看待投资一样制定商机策略　　094

5.1　商机与线索的分水岭　　095
5.2　分级而治　　096
5.3　商机的厘清　　098
5.4　好钢用在刀刃上　　100
5.5　外部资源的引入　　102
5.6　阶段目标、行动、关键输出、检点　　102

5.7 本阶段的关键角色及职责 104
5.8 思考总结 105

第6章 标前引导：把握最佳控标时机，打造客户早期心理排序 106

6.1 客户早期心理排序的形成 107
6.2 乙方表现与客户认知 109
6.3 凸显差异化的价值定位 111
6.4 补足功课 111
6.5 领导销售 112
6.6 联合工作计划 117
6.7 阶段目标、行动、关键输出、检点 119
6.8 本阶段的关键角色及职责 121
6.9 思考总结 121

第7章 投标：应对显性、潜在需求，推进双赢 **123**

7.1 综合采购与原材料采购下的投标差异 124
7.2 标书分析与澄清 125
7.3 投标策略与决策 126
7.4 标书与报价 126
7.5 标前评审 131
7.6 多轮报价与跟进 132
7.7 阶段目标、行动、关键输出、检点 134
7.8 本阶段的关键角色及职责 136
7.9 思考总结 136

第8章　合同洽谈与签约：可交付、可验收、收益合理、风险可控　138

- 8.1　合同洽谈　139
- 8.2　预算与付款里程碑　142
- 8.3　分级审批　143
- 8.4　避免签审不一　144
- 8.5　合同备案与发布　144
- 8.6　赢失分析　145
- 8.7　阶段目标、行动、关键输出　146
- 8.8　本阶段的关键角色及职责　146
- 8.9　思考总结　147

第9章　合同履行到回款：实现收益　148

- 9.1　合同履行涉及的主要工作　149
- 9.2　事成人爽的项目收益　149
- 9.3　向上交付还是向客户交付　152
- 9.4　计划集成　153
- 9.5　项目中的预算、核算、决算　155
- 9.6　回款管理　156
- 9.7　阶段目标、行动、关键输出　157
- 9.8　本阶段的关键角色及职责　158
- 9.9　思考总结　158

第10章　销售管道管理：从逐一过单到驾驶舱　159

- 10.1　从逐一过单到有点有面　160

10.2　销售预测与目标管理　　162
　　10.3　销售报表　　165
　　10.4　思考总结　　168

第11章　客户关系管理：生命周期价值　　169
　　11.1　什么是客户关系　　170
　　11.2　瞄得准　　172
　　11.3　进得去　　174
　　11.4　站得稳　　175
　　11.5　长得大　　175
　　11.6　跌不倒　　181
　　11.7　思考总结　　182

第12章　成长性销售组织：既要打仗，又要带兵　　183
　　12.1　销售、售前、交付人才的职业发展　　184
　　12.2　活性知识的回收与赋能　　185
　　12.3　协同、开放、创新　　186
　　12.4　激励措施的跟进　　187
　　12.5　思考总结　　189

参考文献　　190

后记　　192

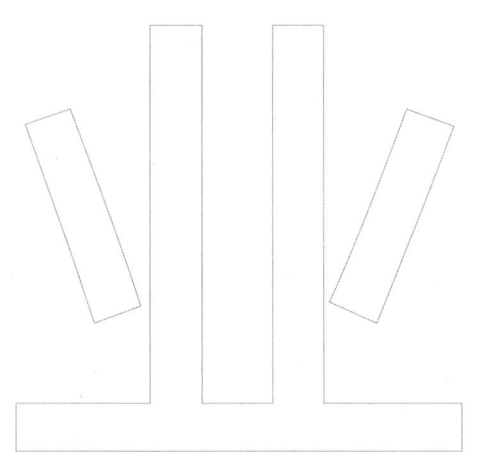
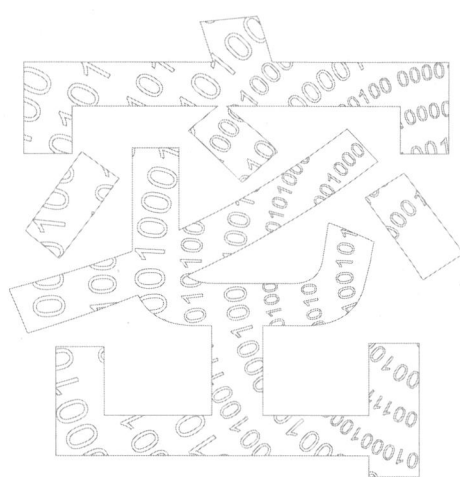

第 1 章

卓越政企销售：步步为盈

1.1 人类演进的加速与政企销售的专业化

早在石器时代,人类就开始利用商品交易来互通有无,丰富生活所需。从以物换物,到货币的出现,人类交易的足迹渐行渐远,交易的物品越加丰富。中国在汉朝通西域,此后的大航海时代,更是将国际贸易往来推进到了前所未有的高度。在获得财富的同时,人们也获得了靠一己之力难以企及的用品,引发了商业革命,促进了世界文明的交融。第一次工业革命带来了能源、机械、钢铁等行业的阶跃式发展,促成了工厂替代手工工场,加速了商业崛起。第二次工业革命推动了汽车、远洋轮船、飞机、化工等新兴行业的诞生和迅速发展,进一步推动了全球化进程,促进了世界市场的形成。第三次工业革命涉及信息技术、新能源技术、新材料技术、生物技术、空间技术和海洋技术等诸多领域,极大地推动了人类社会经济、政治、文化领域的变革。从人类文明出现到第一次工业革命,大概经历了5000年,而第一次工业革命至今,只用了250年,在人类文明中占据不到二十分之一。在商业社会的加速发展中,人们可以以更加便捷的方式获得生活所需,商业实体面临的竞争压力也与日俱增。

从第一个石斧被用来交换,到纷繁复杂的商品和服务交易,每一个时期的商业往来,都被用来夯实人类演进的脚步,同时也使得下一代交换更具挑战、更需创新。在商业演进的漫漫长河中,伴随着人类社会文明的产生,面向政企客户的销售悄然形成,并逐渐向专业化发展。在大航海时代的曙光照耀下,莫斯科公司(英国公司,经伊丽莎白女王特许,拥有对俄贸易的垄断权)、荷兰东印度公司先后于16世纪中叶、17世纪初孕育而生,此后300年间,公司逐渐成为商业社会的基本组织形态,商事法令也相继在世界多地颁布和完善。贸易大发展为公司的产生和完善提供了前提条件，也使得为其他企业提供设备、设施和服务的公司得以分化——它们的产品或服务被其他公司用作生产材料、设备设施或经营管理措施，以便这些公司可以更大限度地专注于自己的创新生产和市场拓展。在公司的现代化发展过程中，政企销售也基于现代化组织分工走上了更加专业化的道路。

企业间营销（B2B Marketing或Business to Business Marketing）通常被定义为两个商业实体（组织或公司）间对有形产品、服务或两者的交换；抑或一个公司向另一个公司出售有形产品或服务，而另一个公司将它们转售给自己的客户，或应用在自己的生产、内部运营管理当中。[1]通常，企业间的交易需要满足双方长期或短期利益最大化、社会责任或可持续发展等诉求。

与企业间交易不同，企业与政府交易中买方的价值诉求更倾向于安全、公平、服务效率、社会福利、基础设施竞争力等，卖方则需要满足这些特定的诉求来实现自身的收益和市场地位。由于政府在商业买卖中的价值诉求相较于企业业务存在较大差异，因此政府业务的买卖过程和控制节点也与企业业务的有所不同。

对此，我们将在后续的必要章节中分别阐述。在其余章节中，我们将对面向企业或政府的销售统称为政企销售。

政企销售面向的客户不像个人消费者那样数量众多。由于客户数量有限，政企销售可选择和更换的销售机会不多。对于客户数量屈指可数（如面向政府客户、核电厂、汽车主机厂等客户的行业）、销售周期较长的行业，尤其是正在或即将面临充分竞争的商业实体，政企销售更加需要谨慎

---

[1] Prachi Juneja. Business to Business (B2B) Marketing - An Overview[OL]. Management Study Guide. [2023-03-08].

应对每一个销售环节，确保销售过程的高质量推进。这就需要涉及政企销售的企业建立精心设计的营销体系[1]来挖掘和激活客户需求，将其转化为解决方案，并提供交付。

回到科技日新月异的当下，我的一位前同事戏称，每次和副总裁谈下个季度的销售目标时，他都在想，这是个最艰难的目标，然而随着一次又一次的业绩挑战完成或基本完成，他终于明白，最难的不是即将来临的那个季度的目标，而是下下个季度的目标。把产品和服务销售出去，把钱拿回来，关系企业的存亡。然而，随着物质不断丰富、产品和服务同质化日渐严重、客户获得信息的渠道变得广泛而高效，越来越多的人感叹，客户越来越专业，在饭桌上拿生意的日子也越来越少、越来越难了。在这样的背景下，我们更需要去详细洞察销售的规律。

面向小型客户和中大型客户时，销售过程存在明显差异。面向小型客户时，如果产品价值较低且标准化程度很高，可由渠道或推广人员面向客户中基层人员完成销售；反之，当企业销售非标准的高价值解决方案时，往往需要客户的老板介入或老板拍板，此时与客户"老板"建立和维护良好关系是销售的关键。

面向小型客户的销售并不简单，面向中大型客户的销售则更为复杂，尤其是已经分化出专业采购部门的企业。当面向已经分出专业采购部门的客户时，无论是身在销售岗位的员工，还是身负销售业绩目标的公司领导，都需要用更专业的方式和内容互动来推进销售。高质量政企销售来源于专业化分工和纵深专业的发展，这也恰恰带来了新的问题。我们不排除有些天赋异禀的人可以兼顾横向知识和专业知识，但对大多数人来说，在有限的精力分配下，纵深的专业发展则限制了横向的综合统筹。因此，通过分工协作，实现跨专业团队协同销售成为各大商业实体推进政企销售的

---

[1] 杰弗里·摩尔. 公司进化论[M]. 陈劲, 译. 北京：机械工业出版社，2014：26.

不二之选。

本书介绍的团队协同销售方法，对于中大型政企客户销售或复杂解决方案销售更为适用；对于小型政企客户销售、标准化产品或服务销售则需要酌情简化、适配。如果您的企业正在进行市场升级，从小型政企客户迁移到大客户，或者从标准化产品销售转为解决方案销售，我更加诚挚地期待本书能够帮助您和贵企业更进一步。

1.2 价值驱动的政企销售

1.2.1 盈利能力是企业生存的必备要素

对企业而言，现金流无疑是存活条件和持续发展的前提。然而"现金流"三个字似乎听起来鲜与多数员工相关。但我们来看看那些资金链紧张的企业：新的业务规划、管理优化项目、市场传播计划，甚至研发项目，由于现金流问题而被延缓或搁置；员工报销周期长且困难，因而怨声载道、不愿出差；供应商货款被无故拖欠，导致其对企业的保供优先级再行降低；企业长期挣扎在生死线上，中高层管理者由于工作裹足不前、缺少晋升空间而另择东家；企业发展乏力，各级管理者在缺少人才流动机会的背景下争抢生存空间、为确保权威而助长官僚文化；企业急需"输血""解套"，核心领导奔走在投资商、政府招商团队、券商之间，疏于组织内功修炼，导致盈利能力更加疲软；投资好不容易到位，却仅有少量用于投资，多数用于填补亏空和欠款，进来的钱款像一车水倒在了干旱的沙漠上；盈利能力不强，长期"缺血"，导致银行、投资商评估后纷纷敬而远之……

这一定不是大多数人愿意驻足的工作环境。与之相反，我们多数人更希望在一个富有挑战空间、积极向上、可能净利润不一定为正但盈利能力尚可、前途可期的公司，与志趣相投的优秀同事，心无旁骛地迎接挑战、燃烧激情。

奋斗者值得拥有前途广阔、风清气正、劳有所获的工作环境。拥有这些的前提是公司有健康的现金流作为支撑。现金流有三大来源：一是筹资活动产生的现金流，主要包括吸收投资、发行股票、分配利润、发行债券、偿还债务等流入和流出的现金、现金等价物；二是投资活动产生的现金流，主要包括购建、出租或处置固定资产、处置子公司及其他营业单位等流入和流出的现金、现金等价物。三是经营活动产生的现金流，主要包括销售商品、提供劳务、购买商品、接受劳务、支付工资、交纳税款等流入和流出的现金、现金等价物。其中，第三类来源，即经营性现金流与我们大多数员工的日常工作息息相关。正向的经营性现金流来自经营活动的长期盈利。

在经营过程中，产品或解决方案的毛利润（或贡献利润）体现了我们的盈利能力。毛利润与净利润不同，并未去除管理和销售费用、财务费用、税金及附加、各项损失及所得税。企业的研发、管理投入通常计入企业的管理和销售费用中，有些企业毛利润较高，但由于持续投资，导致净利润暂时亏损。尽管净利润暂时亏损，但结合市场地位和想象空间，毛利润可以为第一类现金流（筹资活动产生的现金流）的获取提供评估基础。在净利润暂时为负的情况下，企业要保障毛利润的水平。简单来说，就是在排除投资影响的前提下，毛利润至少要能养得起后台和管理职能，这时企业才具备保障收支平衡或股东权益的基础。而那些毛利润水平不足的企业，通常不具备长期盈利的基础，也较难获得投资者青睐，进而导致第一类、第三类现金流来源同时受阻。

综上可见，保障毛利润是企业生存的基本要求。紧接着，新的问题浮现出来：企业的哪些关键活动与此相关？做好哪些事情可以保障毛利润？

1.2.2 政企销售助力企业盈利提升

做好哪些事可以支持某个目标的实现？领导者、管理者几乎不可避免地思考过这个问题。我也曾和几位知名公司的朋友聊到公司当家人的特质，"深度思考者"是对当家人不约而同的反馈。其中，蜗牛我行（北京）教育科技有限公司创始人赵佳慧女士对链家管理团队的描述让我记忆犹新："曾经作为链家竞争对手的管理者，对链家案例的研究让我非常震惊。他们引领行业，全力以赴。创始人亲力亲为，对每一个指标、每一个问题，都要详细地讨论'这个问题是不是这几个变量可以影响的'。因为一声令下就要调动七八万人工作，因此针对'要管哪些指标、哪个动作'，需要高管、运营人员不断论证，严格论证后方可保证不大会做错，对此要全力以赴。最怕的是今天抓这个，明天抓这个，队伍就会涣散。能力建设、体系形成，才能支撑规模化运作。"

目标如此重要，不同业态和生命周期的企业也在用不同的方法尝试设定和衡量目标。1990年，毕马威会计师事务所的研究机构——诺兰诺顿曾资助为期一年、十二家公司参与的"未来的组织业绩衡量"项目，由大卫·诺顿担任项目经理，罗伯特·卡普兰担任学术顾问，得出平衡计分卡[1]模型。该模型被迅速推广，到2004年左右，其使用达到顶峰。[2]在我们的实践中，类似华为同时强调"打粮食"和给经营土壤"增肥力"，对"当期

---

[1] 罗伯特·卡普兰,大卫·诺顿. 平衡计分卡：化战略为行动[M]. 刘俊勇,孙薇，译. 广州：广东经济出版社,2004: 作者序.

[2] Balanced Scorecard[OL]. BAIN&COMPANY. 2023-01-31. [2023-03-09].

业绩"和"未来发展"并行关注的衡量指标拆分方法更为直截了当。一方面，要关注企业当期的财务表现，以收入、利润、成本和费用控制、现金流为典型衡量指标；另一方面，要关注企业未来的发展潜力和市场地位，以市场占有、客户满意、员工发展、新产品推广、技术储备为典型衡量指标。考虑到企业的所属行业、定位、发展阶段不同，以及核心竞争力存在差异，企业用于衡量自身健康状况的战略和经营指标不尽相同，各企业需要根据自身的经营重点予以定制。

大体来讲，当期业绩和部分未来发展指标要通过与市场（潜在客户的集合）的交换来完成。因此，我们需要关注从市场到市场（也称端到端）的一系列价值创造和价值获取活动。

企业通常用于和市场进行交换的活动分布在五大流程中，如图1-1所示。

图1-1 典型的企业核心流程

Idea to Market，即创意到产品上市或者说研发流程。这个流程在某些企业中沿用源于IBM的IPD概念，即Integrated Product Development（集成产品开发）。研发流程支持企业基于市场环境分析和客户洞察，推进前瞻技术、先期工程和产业化开发。在产业化开发层面，执行产品组合规划，进而推进产品立项、形成概念、设计、开发、测试、导入、上市，并进行产品生命周期管理直至产品退市。

Marketing to Lead，即市场营销到线索生成流程。它指基于情报分析和客户洞察，制定品牌和营销策略，定义营销目标，并通过营销要素组合（产品、价格、渠道、市场沟通、全渠道体验）完成营销策略的落地。

Lead to Order，即线索到订单流程，通常包括线索管理、商机管理、合同签订等。

Order to Delivery，即订单到交付流程。在规模化产品经营的企业中，这一流程通常包括产销协同、订单处理、排产、备料、生产、交付、出厂物流；在销售复杂解决方案的企业中，这一流程通常包括订单处理、项目管理、供应链管理等。无论何种类型的企业，在这一流程中还会叠加调用一连串财务活动，如预算、成本控制、客户回款、供应商结款等。

Delivery to Customer Care，即客户关怀与服务流程。在完成首单销售后，企业仍然要维护长期可盈利的客户关系。这个流程支持客户服务、客户资产管理（如账户续约、设备保修期记录、运维等）、服务营销、后续线索和商机的转化，对客户满意度管理起到重要作用。

这五个核心流程包括企业与外部完成价值让渡的基础活动，企业需要依据自身的实际情况进行具体调整。这里举两个例子。

对销售复杂解决方案（如客制化的新工厂建设、通信网络建设、零部件供应、数字化平台规划或实施）的B2B或B2G企业而言，由于客户数量有限，需要紧贴客户需求，以设计精良的销售流程促成可盈利、可交付、可验收、可回款的交易，这就要求能够对交付验收进行承诺的交付团队提前进入销售过程，由此，线索到订单流程与订单到交付流程便被进一步整合成线索到回款（Lead to Cash）流程，这在华为的实践中得以充分体现。

对需要渠道经销/分销的企业而言，渠道管理是线索到订单流程的使能流程，它为线索到订单流程提供直接支持。企业依据渠道经销/分销的重要程度不同，可以考虑把渠道管理升级为一级流程，这也在华为终端有所实践。

上述五大流程构成企业的核心流程组。除核心流程组外，企业管理流程组对企业提供方向指引和风险合规管控；资源管理流程组支持企业从外部获取资源，为企业活动合理配备资源并保障资源的效率和安全。这些资源包括有形的资源（如资金、人才、工作空间等）和无形的资源（如专利、专业服务、政策指导、公众口碑等）。对这两组流程感兴趣的朋友可以查阅其他材料，此处暂不赘述。

在上一小节中，我们问到做好哪些事情可以保障毛利润。在如图1-1所示的那张企业活动的"地图"中，答案呼之欲出。

创意到产品上市流程，构成企业盈利的基础。一旦某产品被定义和开发，产品的目标客户、市场容量、价位、生产交付、售后维修方式及成本构成就已基本形成，因此产品研发对盈利能力起着决定性影响。有些生产交付成本居高不下的问题，无法通过交付团队加班或涨价来解决，而应当在更早的研发阶段由研发团队进行面向生产交付的设计开发，使得制造或交付安装更加便捷且材料成本更加合理可控。对销售客制化程度较高的复杂解决方案的团队，为了降低交付成本，提高产品的复用性，需要在某种程度上（如在系统、子系统、子系统组件、零部件等层面）进行模块化设计。除面向交付的研发外，还需要考虑面向市场营销及面向售后的产品研发。不少企业在产品定义之初就明确了产品的亮点和竞争策略，而非上市前冥思苦想如何对产品进行包装，这会使得产品的功能特性与营销亮点紧密契合，市场传播更为有效。在面向售后的开发中，企业从产品设计时就需要考虑维修的便捷性（或所需工时）、零部件的材料成本、易损件与非易损件的独立替换需求、故障率的合理目标等因素，确保产品后续的维护成本尽可能低。

创意到产品上市流程仅仅使得企业具备盈利的基础，其产品概念、交付进度、质量、项目费用、产品经济性等都会影响产品的可销售周期、畅销潜力及成本结构/边际贡献，然而只有当企业把产品销售出去，把钱拿回来，落袋为安时，收益才能真正被实现。

线索到订单流程、订单到交付流程，或者由两者紧密集成而来的线索到回款流程，是实现盈利的核心流程。激活客户需求，推进客户立项，完成提案，争取客户认可，赢得客户招标，这些售前活动可促成可盈利的销售，达成签约额/合同额目标，并通过合同约定锁定目标盈利水平。签约额的达成，通常由销售人员（依据企业定义，或称为客户责任人、客户经理、销售经理等，下同）牵头负责，锁定目标盈利水平有赖于售前团队策划解决方案，交付团队制定交付方案并参与成本确认。将合同或订单中约定的交付物生产并交付给客户，完成验收，才具备确认收入的基础（各企业确认收入的具体标准需参考相关会计准则）。收入和交付成本的达成通常由交付团队负责。

当然，线索到回款流程与市场营销到线索生成流程有紧密的关联。对此，我们将在第1.2.5节中进行一般性描述（不同企业中会有所差异）。

1.2.3　交易更高效、财务更健康、客户更满意

支持企业实现盈利是线索到订单流程、订单到交付流程或线索到回款流程的核心目标，如图1-2所示。从平衡计分卡的角度来看，需要满足的衡量指标更为丰富。

与财务相关的衡量指标包括但不限于交易金额及预计毛利率、回款、项目毛利、交付成本、交付费用等。企业可通过概算、预算、核算、决算四个阶段完成线索到回款流程中对财务指标的控制。

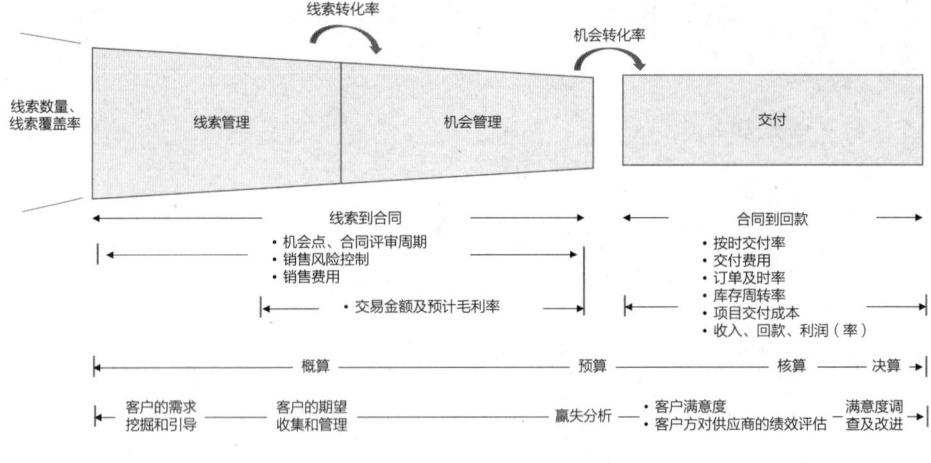

图1-2 线索到回款流程相关衡量指标

- 概算：在向客户提案前，要完成针对销售项目标的的概算，衡量项目的签约额、毛利能否推动业绩达成或项目能否带来其他收益。

- 预算：在投标和合同签订前后完成多版本的预算，以逐步清晰的方式完成利润测算，支持合理报价并达成交易。基于已签章生效的合同生成和发布预算，并以此为基线（参考线），衡量后续项目执行的财务情况。

- 核算：项目执行过程中根据实际发生的经济业务事项，完成会计核实和计算，填制会计凭证，登记会计账簿，编制财务会计报告，并基于项目预算基线进行分析和管理纠偏，这个过程被称为项目核算。

- 决算：在项目完成验收、基本不存在回款风险的前提下，对项目执行的最终结果进行整体核实和计算，对比预算基线进行绩效和经验教训分析，被称为项目决算。

概算、预算、核算、决算四个过程，是实现线索到回款流程中财务控制的关键环节。

客户满意是企业与客户交互过程中，促进客户忠诚和复购的重要衡量标准，是与客户形成长期的、可盈利关系的重要条件。客户满意可通过客户满意度、客户方对供应商的绩效评估来衡量。为达成客户满意，企业需要关注这些重点环节：客户的需求挖掘和引导，客户的期望收集和管理，赢失分析，客户满意度调查，客户方供应商绩效的及时收集、沟通和响应。

与内部运营相关的指标包括但不限于线索数量、线索转化率、机会转化率（赢率）、销售费用、合同评审周期、销售风险控制、按时交付率、交付费用、订单及时率、库存周转率等。这些指标的高效达成，有助于提升客户满意和财务收益。

尽管图1-2中没有特别标注"学习与发展"，但通过将业务活动和执行标准固化在流程和IT中，可以为绝大部分员工提供操作指引，帮助他们按照前期总结的、行之有效的方法来工作，在一定程度上避免过往错误的再次发生；与流程相关的"最优模板"的建立及知识案例的沉淀，可支持员工"上手即用"，赋能新员工像熟练员工一样工作。当然，这并不排除其他的员工发展途径，比如在项目中建立员工梯队，帮助员工通过"项目问题解决"或"向他人学习"习得更多经验和技能。

1.2.4　政企销售中的常见问题

我们在前面用一定篇幅展开阐述了企业的价值，以及线索到回款流程中能够实现的价值及相关的衡量指标。这些指标与企业的经营者、业务管理者关系更为密切，对于其他员工可能略显生疏。之所以将价值提前阐述，是因为在过往的变革和咨询经验中，即便变革项目开始时内外部客户并未提及需要论证项目价值，但往往在项目收尾时，我们或我们的甲方伙伴仍需要向项目指导委员会汇报项目能为企业带来的收益，并论证项目方案与潜在收益的支撑关系。与其等项目做完了再冥思苦想、总结价值或亮点，不如一开始就旗帜鲜明地明确目标和目标达成的程度，把支持目标达成的活动直截了当地设计到流程或数字化系统中，这也是华为等公司倡导的"以终为始"(Result Driven)或"价值驱动"(Value Driven)。

除价值驱动外,解决问题是我们实施业务改进的另一个重要出发点。说到这里,我们不禁要问,什么是"问题"?我讲一个案例。在为某知名房地产中介公司提供咨询服务的过程中,我们的CEO作为项目发起人,频繁地参与了项目的过程沟通。面对我们通过员工访谈、工作坊收集的近千个原始问题清单,CEO眉头紧锁地问道:"你们觉得这些都是问题吗?"对企业来讲,由于资源有限、外部机会窗口稍纵即逝,企业需要抓准自身最亟待解决的核心问题,而非不分巨细地将资源、精力和时间分散到每个"收集到的问题"中去。这就需要我们聚焦对战略和经营影响最大的那些问题。换句话说,对企业期望的经营结果不构成影响的问题都不是真正的问题,问题源于期望的结果与现状的差距。那些无关痛痒或可以随着时间自然消解的"问题"无须我们过多关注。因此,对企业价值的深刻理解,也更加有助于我们有的放矢地识别问题和理解问题的优先级。

在政企销售领域,我们发现很多共性问题在不同的企业重复上演。

我们常常从销售经理处听到,"我们卖什么研发都说交付不了,以前还沟通(新需求),现在不沟通了,沟通也没用,公司有什么卖什么就行了"。销售团队(含销售、售前、交付等角色)过度介入研发会导致研发资源被牵制,无法集中兵力研发具有前瞻性的产品;而减少与研发团队的沟通,有什么卖什么,则会导致市场的前瞻需求难以传递回公司,长此以往令公司产品失去竞争力。

销售团队对上游的需求不止研发。当前已经不是"酒香不怕巷子深"的年代,差异化竞争优势、品牌影响力在很大程度上影响销售。在企业制定市场营销级战略的过程中,企业就需要根据内外部环境分析来完成品牌的差异化定位,并通过"7P"组合,即产品(Product)、价格(Price)、渠道(Path)、传播(Promotion)、人员(People)、流程(Process)、有形展示（Physical Evidence）来进行营销要素的优化。其中，差异化定位在充分竞争的行业或产品/服务同质化较为严重的行业不可或缺。生态并存的前提是差异化，同质化较强时小公司会被大公司排挤。各公司由于业态不同，会在7P中做不同侧重的组合。但无论怎样组合，产品、价格、传播、流程都是不容忽视的环节。产品组合和产品定位会在研发战略和具体研发过程中得以解决。"传播"经常与销售发生断层。我们不止一次收到销售人员的反馈：假如销售人员在正式接触客户前，市场营销人员已经为产品/服务打造了一定的品牌知晓率，那么销售人员"去敲客户的门"时也会变得更容易。销售人员同时希望市场营销部门提供的营销材料能够更加凸显差异化竞争优势和公司在这些优势下的能力或抓手，以便帮助他们更好地回答"凭什么选我"的问题。

我们也听到，"我们合同有法务签批，但很多事情在投标的时候就写在标书里了，到合同评审的时候，改不了什么，很多风险就带下来了"。在这种场景下，个别存在风险的法务条款没有在投标前被专业人员识别和防范，造成风险的向下传递，令销售团队错失了提前干预或预防的时机。

对于销售总监或销售管理人员，这种场景也许似曾相识。"我的员工天天和我说拜访过客户了，但就是看不到进展、没单子。"如何进行有效的销售复盘，如何评估下属的销售进展，这需要我们明确销售的本质，划分销售阶段，明确每个阶段的小目标和行动标准，这样才能形成销售进度被"高质量推进"的判断标尺。

"不清楚如何选择和管理销售项目，项目缺少重要性排序，来了都是紧急大项目，没重点，资源占用太多。"有些公司随着规模变大，逐渐发现人员"倒腾"不过来了，到处都是"重要项目"，然而能独当一面的业务大将就只有几个，人员扩张时新招聘的员工来自不同的企业，要么资历尚浅，要么还未熟悉企业运作方式，难以独立带队，结果就是业务大将到处派，"一个壶盖子需要盖8个壶，最后导致哪壶水都烧不开"。那么，在资源相对有限时，如何充分利用资源，有效地支持业务扩张呢？

当企业中的协作不畅通时，上下游各部门的问题反馈几乎会同时发生。销售人员心里默默地吐槽，"单子都卖出去了，项目迟迟交付不了。项目严重延期，还不如不干，干个项目把客户都得罪了"。交付人员也一肚子委屈，"售前为了完成业绩，是单子就卖，我们后端有时交付不了，有时即使交付了也不赚钱""有一些销售，对能不能交付、项目是否盈利没有太多考虑，我们后端交付团队与公司高层沟通，希望把风险进行分级、分类，明确销售部门对哪些项目是否做、怎么做可以单独决策，哪些项目需要后端交付团队协同决策，但销售很强势，最后是谁说话硬听谁的"。

在一些快速招兵买马的公司，销售人员认为公司的交付团队太"年轻"，干脆找外面团队交付了，本公司交付团队没参与，团队得不到锻炼，这种情况在项目执行完毕后，只能留下"合同"、回收现金，但难以培养企业核心竞争能力，难以在组织中沉淀新的知识。

这些问题并非线索到回款环节的所有问题，我们如此总结，是因为这些问题在很多公司重复出现，无论跨行业与否，总有些问题似曾相识。在以下各章中，我们在详细论述每一个关键环节的同时，也会对这些问题予以回应。

1.2.5　与其他业务活动相钩稽

企业中各部门有着相对清晰的职责分工，就像足球场上的角色分工。然而分工本身无法带来"射门"——赢球来自协作。企业中的流程贯穿于企业各个部门，不同领域的流程也相互钩稽。政企销售流程与市场营销、研发、服务、供应链、经营管理等都有较强的钩稽关系。

政企销售流程需要和市场职能紧密结合。市场营销工作对企业的重大贡献之一在于，通过深入洞察市场，精准定位目标市场或客户，为公司经营和产品规划提供方向和指导。在公司统一决策下，目标市场将成为各部门，包括销售职能部门力出一孔的关键锚点。在市场营销策略的牵引下，销售策略（如客户分群、客户优先级和与之匹配的资源投入政策）会进一步指引销售职能部门聚焦发力。市场职能对于区域、客户、竞争对手的情报收集和适度共享，能够帮助销售职能更好地锚定高净值客户和项目，更有效地制定竞争策略。市场营销活动进一步帮助销售职能挖掘潜客、生成线索。无论是公共型展会，还是小型路演、高层峰会、闭门会议，市场/销售职能都可以专注于活动本身，以富有感染力的营销活动对接来自各客户经理、各大项目的客户服务需求，加深客户对公司品牌的感知，加深客户与销售人员的互动体验，或直接促成销售线索的生成。

政企销售流程需要与研发流程紧密协同。政企业务通常服务于客户自身的需求，对客户的需求洞察无疑是占领市场的关键。我曾和一位做SaaS平台的朋友交流，她曾经面临优先打市场还是优先做平台产品的问题。如果先行投资平台产品，可能造成产品与市场脱节，投资长期不能收回；如果先行保市场，可能面临长期服务特定项目，难以完成产品和平台功能沉淀。对此，她采用了随着市场项目逐步沉淀产品的方法。满足市场需求、沉淀产品、与客户完成协同创新的整个过程，需要销售人员将现行产品无法满足的需求及时回传给研发团队，通过需求分析确定类似功能是否已经在研，或者该需求是否作为产品或模块来开发，或者是否单独为特定客户进行客制化交付。反之，研发也需要定期将新的产品、技术路线、创新理念、在研产品进度等与销售人员沟通，让销售人员可以将创新产品或功能带入市场，赢得客户认可和市场先机，尽早获取收益回报。

政企销售流程需要与交付流程协同。在推进可盈利的销售过程中，销售人员和售前人员会完成合同签订。合同金额在未来构成收入，合同交付范围和条款会影响未来的交付成本和费用。为保持市场领先，销售人员和售前人员会在一定程度上满足客户的"挑战需求"。如果"挑战需求"过于简单，则可能会影响整体方案的竞争力；如果"挑战需求"过于困难，则可能会导致下游团队履约延期或失败。在兼顾"拥抱挑战"和"避免过度承诺"的过程中，常见的实践是交付人员在销售早期介入，与销售人员和售前人员共同确定方案和方案的可交付性，在测算工时、差旅、所需设备设施、硬件等成本和费用后，确定合同的可营利性并提供交付方案。此外，对需要提前完成采购，或协同供应链备货、备料的企业，政企销售流程还需要与供应链流程互锁，在跟进机会的同时向供应链团队提交要货预测。供应链上企业的紧密协同，可进一步减少项目等物料、物料等项目的情况，提高客户满意度，减少企业浪费。

政企销售流程是客户关系管理中重要的一环。在客户关系管理中，需要着眼于"瞄得准、进得去、站得稳、长得大、跌不倒"。"瞄得准"是政企销售最大限度地对企业发挥作用，是切入市场、"撕开口子"的关键。同时，企业依靠新客户获取流程与政企销售流程实现"进得去"，依靠令客户满意的交付实现"站得稳"，依靠客户关系补救流程实现"跌不倒"。

此外，政企销售与经营管理、人力资源、供应链金融等都可能存在钩稽关系，具体需要依企业的自身业务场景来拉通。

1.3 高质量地推进销售进度

1.3.1 销售的本质是通过满足客户采购获得收益

在国际咨询公司，每个人都会配有长期的"职业导师"，相当于中国企业的"师徒制"。一次在埃森哲咨询公司大客户销售流程内部分享的交流环节，我问我的徒弟"大客户销售过程中为什么区分线索和商机"，他回答"潜在的机会是线索，比较靠谱了才是商机，线索转化为商机的典型信号是客户已经内部立项，或释放了预算"，这是个接近的答案，还可以从"为什么"的层面提炼得更好。于是我请这位徒弟先去研究采购流程，之后我们再来聊大客户销售。之所以这样安排，是因为采购和销售是一对流程。所谓买卖，是在买方和卖方的互动中完成的。在服务华为的过程中，我们有时会把客户当作流程中的一部分，来对接企业内部和相关外部伙伴（如集成商等）的销售活动。研究客户行为，对于促进销售作用很大，无论是面向消费者销售，还是面向政企销售，它都可以帮助我们推导出挖掘客户需求和赢得客户的底层逻辑与规律。

销售的本质是通过满足客户采购获得短期或长期收益。

企业通常会把采购分为零部件（或原材料）采购和非零部件（或非原材料）采购。其中，零部件（或原材料）采购在某些企业被称为直接采购，简称零采；非零部件或非原材料采购被称为间接采购或综合采购，简称综采。下面将简述面向两类采购的销售差别（每个公司或略有不同）。

零部件或原材料采购通常用于企业购买生产物料或零部件。买方在产品研发过程中完成供应商选择，并通过协同研发与卖方确定零部件的最终规格、成本和交易价格。经过严格的量产准入评估，卖方才能进入量产阶段，并满足买方的订单需求。零部件或原材料采购中买卖双方活动的典型对应关系如图1-3所示。值得注意的是，销售过程有时会始于客户发布《采购需求规格书》（有些企业称为RFX或者SOR）之后，而成功的销售往往介入更早。早在政企客户进行产品组合规划阶段，销售就需要协同公司领导与客户进行战略层面的交流，以新技术路线对客户进行引导，或收集客户的产品组合规划，分析、锚定未来重点推进的机会，并将客户的需求和未来的技术路线带回公司研发部门。在大多数面向零部件（或原材料）采购的销售中，客户的产品销量会决定零部件（或原材料）的订单额度，因此销售人员需要谨慎制定销售策略。当客户对某产品进行战略立项、对产品进行市场可行性研究时，销售人员应尽快确定该产品与公司技术、交付能力和价位等方面的适配性，锁定或更换销售项目。客户在对其自有产品进行整体设计和定义的过程中，销售人员应尽量对客户的产品概念或意图制定给予引导或支持，邀请客户在完成对公司资质的验证或认证审核时，通过与产品相关各方进行早期沟通，激发客户兴趣，激活客户潜在需求，并拿到"供应商入场券"。客户在完成产品设计和预算，并进一步推进开发的过程中，企业需要推进销售项目立项以锁定支持客户的团队成员，在客户发放招标资料前，与客户各相关决策人员和关键影响者进行沟通，赢得客户的早期认可，之后配合招标，完成合同签订、项目开发、量产等工作。应对零部件或非标准的原材料采购，销售流程被分为锁定销售项目、早期培育、销售立项、标前引导、竞标、定点、项目开发、量产几个阶段。企业在推进销售之前，需要进行客户管理。注意，这不是对特定一个客户的管理，而是对客户群体进行细分，评估哪些客户作为切入点、哪些客户作为重点渗透的领域，以及配备哪些资源。客户管理的前提之一是对重要大客户分别、单独完成分析和规划（具体参见2.1）。

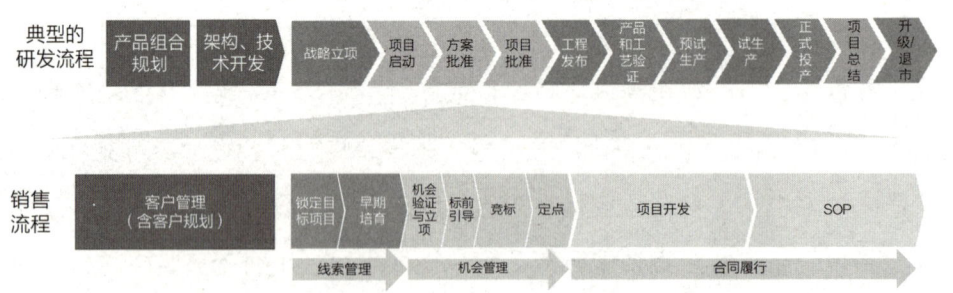

图1-3 零部件或原材料采购中买卖双方活动的典型对应关系

综合采购通常用于企业或事业单位购买基建和装修项目、生产设备设施、办公家具和物品、市场公关活动、数字化解决方案、其他商业服务（如咨询、培训项目）等。综合采购中买卖双方的典型对应关系如图1-4所示。客户进行综合采购时，卖方对客户的早期介入仍然作用重大。客户规划是深入进行客户洞察、挖掘潜在机会的不二方法。客户规划之后，对应典型的"采购七步法"，销售过程也被相应地分为收集和生成线索、培育线索、销售立项、标前引导、投标、谈判签约、合同履行七个阶段。其中，收集和生成线索、培育线索可归纳为线索管理；销售立项、标前引导、投标、谈判签约可归纳为商机管理。如果有些企业涉及较为复杂的客户责任制，那么在收集和生成线索之后，还需要单独执行线索验证与分发。

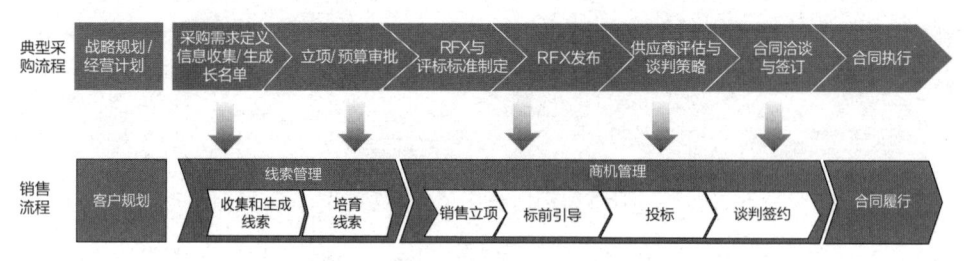

典型采购流程	战略规划/经营计划	采购需求定义信息收集/生成长名单	立项/预算审批	RFX与评标标准制定	RFX发布	供应商评估与谈判策略	合同洽谈与签订	合同执行
销售流程	客户规划	线索管理		商机管理				合同履行
		收集和生成线索	培育线索	销售立项	标前引导	投标	谈判签约	

图1-4 综合采购中买卖双方的典型对应关系

我们在这里仅列出一般性的、供参考的销售阶段，企业在具体应用中需要结合客户的采购过程进行适配和调整——是的，这个过程不总是"销售N步法"。例如，在某些面向大型政府项目的销售过程中，客户在立项之后，还需要严谨地执行项目预算和降本，并通过"立项财评"（财务评估）。这时，作为卖方企业，可考虑在己方的销售过程中添加"立项财评"，主动帮助客户进行财务控制，确保解决方案的合理性，凸显高附加值领域对客户的价值，保障己方项目的盈利。

尽管面向综合采购的销售过程看起来与面向零部件（或原材料）采购的销售过程雷同，但它们的驱动逻辑有所差异。零部件或原材料的销售收入取决于客户产品的销量，而面向综合采购时，销售收入则取决于客户采购金额大小。

1.3.2 三种基本销售模式

依照政企客户采购产品的用途,政企客户销售到回款大体分为三种类别:项目型、订单型、项目+订单型(见图1-5)。

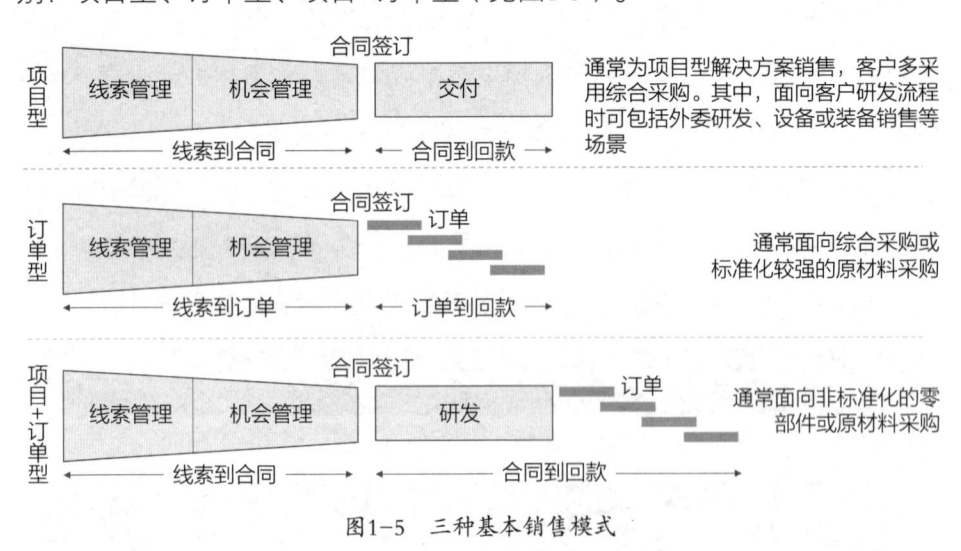

图1-5 三种基本销售模式

在项目型销售到回款中,客户通常会直接将项目交付的成果应用于自己的有形或无形资产建设、产品开发、内部运营、管理优化中。比如,华为向运营商销售并交付微波通信、无线通信等网络解决方案;汽车设计公司为整车厂提供外委研发服务;建筑工程公司向某工厂销售并交付工厂设计方案或进行完整施工,包括工厂内生产设备的提供和安装;SAP、用友、金蝶等软件公司向某公司提供数字化解决方案。这种类型的交易通常面向卖方的综合采购,卖方以项目形式完成买方所需交付,通过首付款、到货款、里程碑款项、初验、终验等款项获得收入。交付成本和费用通常包括人工成本、外委成本、软硬件成本、差旅费用等。销售过程需要保障项目的测算利润,并在交付项目中实现项目的贡献利润或毛利润。

在订单型交易中,客户通常会直接使用或转售相对标准的产品。比如,办公用品、办公家具的交易,或者标准化程度较高的低风险物料采购。这类交易通常交付的复杂性较低，供应商也更多，客户对价格也相对敏感。零部件或原材料采购、综合采购都可能涉及这种模式。在该模式下，卖方需要保障产品的经济性，并通过订单履行来实现收益。

项目+订单型交易最为复杂。在这类交易下，买方通常将卖方产品作为自己产品的一部分销售给下游客户，卖方需将自己的产品作为买方的零部件或原材料，配合买方完成协同开发、测试、产品验证及量产。卖方可通过研发项目和量产订单获得收益，也可以将研发费用分摊到后续量产产品的报价中。这种模式通常对应非标准零部件或原材料的采购。在该模式下，研发中的财务控制及产品经济性都需要得到充分保障。

这里我们把销售模式做了简单归纳，而实际的场景更为复杂，企业要结合业务本质来谨慎判断其相近模式（可参考2.4节客户规划中的例外情况）。

这三种模式的销售阶段看似相近，其实存在差异，主要体现为业务驱动逻辑不同、详细步骤不同、销售周期长短不同和涉及角色的复杂程度不同。本书在按照阶段展开的同时，将重点对第一种模式和第三种模式进行差异对比。由于第二种模式相对简单，读者可结合自身企业情况，基于第一种或第三种模式进行适配、裁剪。

1.3.3 目标、行动与检点

销售复盘（Sales Review）几乎是各大公司销售领域不可或缺的活动。尽管销售副总们早已练就了火眼金睛，对大多数项目都了然于胸，但"正在跟进中"这样的"进度汇报"仍然让很多销售副总心存顾虑、放心不下。每年四个季度中，政企客户往往上半年需要和供应商完成前期沟通，推进内部立项，因此不少政企客户的签约放在下半年。在相对较长的销售周期下，第二季度、第三季度、第四季度的签约额完成往往依赖前面的潜客、线索数量和质量。销售冲刺是企业的常规动作。正常的操作方法大体有两种：第一，在前三季度提前触发和收集更多潜在的销售机会；第二，透支下一年的可能机会，在第四季度请客户提前签约。在第二种操作下，可能需要以牺牲次年的销售额为代价，对客户的长期关系和客户内部的采购机制有较强的依赖性，所以并不是每家公司都可以自如运作的。也正因如此，一旦第四季度发现销售业绩的达成存在差距，除非前期有较好的过程控制，或有条件透支次年的机会，否则很难在短期内进行有效弥补。

由于政企客户数量相对较少，销售周期较长，竞争更加激烈，所以每个销售环节都需要被严谨对待。为确保销售阶段的高质量推进，销售团队（含销售、售前、交付等角色）和销售管理人员（销售总监、销售决策团队）要持续对各销售阶段进行自检和检查，并按需纠偏，如图1-6所示。

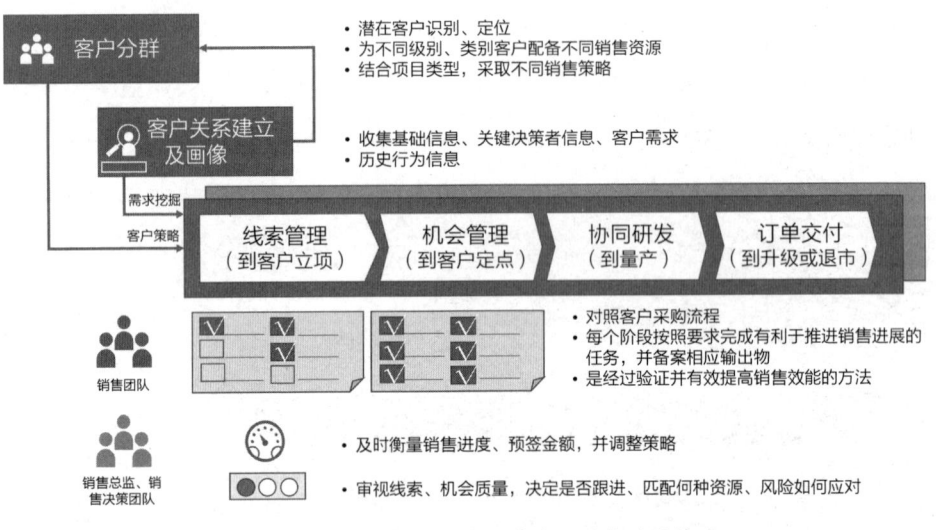

图1-6 通过检点纠偏确保销售阶段被高质量推进

那么，我们需要从哪些维度去检点每个销售阶段呢？

基斯·M.依迪斯在《新解决方案销售》[1]一书中提到成功的销售公式："痛苦×权力×构想×价值×控制=销售。"在不断的经验迭代中，

1　Keith M. Eades. 新解决方案销售[M]. 武宝权，译. 2版. 北京:电子工业出版社,2019: 25.

这个公式被总结为"PPVVC"（Pain Point/痛点、Power map/权力地图、Vision/共建愿景、Value/价值、Control/采购控制），并在很多销售复杂解决方案的大型公司投入应用。尽管这些维度都有明确的指向和落地方法，但尚没有根据销售阶段设定不同的子目标。

在锚定销售任务达成的前提下，为了拆解各销售阶段的"准出标准"，我和多个公司的销售团队展开讨论，并对某些买卖交易中的买方采购人员进行了匿名访谈。结合詹姆斯等人在《停止销售并开始领导》（译名）[1]一书中的论述，我把每个阶段需检点的维度总结为管理需求、影响决策、领导销售、构建双赢、支持采购五个部分，简称"需、人、领、值、采"。

销售团队可借由对这些维度的经常性自检，有效地指导自己推进销售，及时发现销售过程中的问题并予以纠偏。我将在下面章节展开说明五个维度，明确不同阶段中这五个方面所要达成的子目标，以及如何以子目标的达成来驱动整体销售目标的达成。

1.3.4 "需、人、领、值、采"

我们把销售过程从五个控制维度展开，即管理需求、影响决策、领导销售、构建双赢、支持采购。我把它总结成"需、人、领、值、采"这个五字诀，以便记忆和联想，如图1-7所示。

第一，管理需求（需）。这要求我们对客户潜在需求加以分析并将其显性化成客户认可的、符合客户规模和技术质量要求的需求规格。在定义需求规格的过程中，要关注能够帮助客户与其竞争者之间构建差异化竞争的需求，关注产品、服务或者解决方案的功能特性和人格特性。为有效推

---

[1] James M. Kouzes, Barry Z. Posner, Deb Calvert. Stop Selling and Start Leading: How to Make Extraordinary Sales Happen[M]. Hoboken: Wiley, 2018.

进客户采购，还需要兼顾不同客户角色的心理和情绪需求。关于"激活"需求的过程和方法，我们会在第3章详细展开说明。

管理需求（需）	影响决策（人）	领导销售（领）	构建双赢（值）	支持采购（采）
• 挖掘客户痛点及背景 • 厘清基本需求 • 识别产品或解决方案的功能特性、人格特性 • 明确不同客户角色的心理和情绪需求	• 识别内部联络人并建立联系 • 进入关键决策人网络 • 逐个或寻找最佳影响路径以争取决策者和关键影响者的支持	• 线索阶段：引导客户学习领先技术或方法 • 标前引导阶段：帮助客户建立初始需求（引导RFQ） • 了解竞争对手，构建客户需要的差异化方案 • 确认方案资源可以获得	• 开发能够为客户创造价值的构想或方案 • 符合成本要求 • 了解客户信誉、资金情况、回款风险	• 线索阶段：进入供应商库或被提示允许参与后续投标 • 标前引导阶段：客户采购流程和关键时间点的获取和配合，帮助客户更容易地推进采购和完成评估 • 竞争对手优劣势分析和应对

图1-7 销售阶段控单维度：需、人、领、值、采

第二，影响决策（人）。在政企销售过程中，除部分民企由一把手拍板做出采购决策的情况外，对于已分离出采购部门的企业，尤其是上市企业和对采购合规要求比较严格的企业，采购决策基本上是由决策链上的一系列人员来做出的。我们在销售过程中要及时厘清关键决策者和影响者是谁，什么职位，在决策链上的影响作用如何，以及他们之间的关系。有时，企业采购的关键影响者还存在于企业外部。在这个决策链或网络上，我们首先要识别影响谁，其次要看通过哪些人或者哪些关系，去影响核心决策者和关键影响者，赢得他们的认可和支持。

第三，领导销售（领）。在马斯洛需求层次[1]的驱动下，大多数个人都在追求向上发展，不断追求"自我实现"。无论是个人的生活和职业生涯，还是企业一把手对企业成就的追求，都在可预见的未来被寄予期望。针对这些内在动机，我们在整个销售过程需要有所应对。首先，本着相互坦诚和尊重的态度去构建商业伙伴的信任关系；其次，推动所承诺的产

---

[1] 亚伯拉罕·马斯洛.动机与人格[M].许金声,等译.3版.北京:中国人民大学出版社,2012: 19-80.

品、服务或者解决方案及时、切实交付和产出；再次，引导客户方关键人员进行深度思考和推动创新变革，搭建人脉关系，奠定其个人成就或助力其职位晋升；最后，展现共同奋斗的精神，利用协同创新的解决方案，与商业伙伴一同放飞更大的梦想，或朝着更加远大的愿景进发。有关这些，我称之为销售领导力。通过销售领导力的实践，能够更有效地与客户产生共鸣，进而搭建与客户的共享价值观，实现互惠互利，这也使得商业关系[1]更加坚固。

第四，构建双赢（值）。互惠互利是构建商业关系的核心要素之一。一方面，销售团队需要识别通过所需产品、服务或者解决方案能够获得哪些收益；另一方面，要评估卖方本身能够获得的收益，这些收益不仅包括财务收益，还包括非物质收益，如我们对山头行业的标杆项目落地等。同时，销售团队也要把控价值获取的风险，对客户信誉、资金情况、回款历史等做出评估。

第五，支持采购（采）。卖方完成销售和买方完成采购是在同一个过程中完成的。在这个过程中，最低的要求是了解客户采购的关键时间点，并配合完成所需的沟通或投标过程。如果卖方能够帮助采购团队推进采购过程，包括帮助准备采购需求规格说明书或采购评标标准等，将有利于进一步加速采购过程和增加销售的确定性。在某些专业领域，卖方也可以帮助采购团队加深对未来行业和技术趋势的洞察。比如，在一些大型汽车企业采购团队，因为采购人员对未来的供应链可持续增长较为关注，所以供应商可以就双碳等话题与对方采购团队做进一步的交流，帮助采购团队充实其对全供应链可持续发展的认知，支持其战略采购布局和进一步决策。

我们把以上维度对应到销售阶段，就会更容易识别和定义每个阶段的

---

[1] Robert M. Morgan, Shelby D. Hunt. The Commitment-Trust Theory of Relationship Marketing[J]. Journal of Marketing. 1994-07, Vol. 58, No. 3: 20-38.

子目标。这些子目标沿着不同阶段，在五个维度中递进发展。由此，我们更容易对每个阶段进行自检和衡量，以更高的质量步步为营地推进销售。在以下章节，我们将对相应阶段总结其子目标或检点标准。

1.3.5 关键输出

在数字化时代，企业需要更好地利用历史数据支持业务改进和经营决策。销售到回款执行过程中所沉淀的数据是与客户、交易行为相关的企业核心数据，是企业的重要数据资产。这些数据需要被妥善存储和保管，以便未来执行复盘、更换销售经理后进行客户互动历史追溯、就优秀案例进行横向跨团队分享和赋能，以及识别和解决销售流程的相关问题。这些数据在业务中多以表单、模板或文档的方式体现，也被称为关键输出。我们将在以下章节对相关阶段的关键输出进行陈述和说明。

1.3.6 政企客户销售中的关键角色

在项目型销售中，销售过程通常由不同定位的三组角色协同推进。如图1-8所示，左侧是一般政企客户的采购团队角色，右侧是一般政企业务供应商的销售团队角色。基于企业产品或服务的复杂程度，以及其主要客户的采购专业程度，右侧销售团队中的三组角色可由一个到多个小组承担。在创业期、客户采购由老板一人拍板、向客户提供标准化产品或简单解决方案的企业，销售团队可由一个销售岗位或一个客户小组担任，这种"独行侠"的方式并不少见。在企业客户具有一定规模，且解决方案的能力主要源于过往交付经验时（如有些咨询公司），上述角色可由两组人员担任。较为常见的是客户责任人独立负责客户关系和商务部分，解决方案责任人（某些企业也称为售前人员）和交付责任人内一人或一组人员兼任。这种角色分工有时被戏称为"二人转"。在客户规模较大且解决方案较为复杂时，三组角色都需要一一落实。这三个关键角色小组在许多公司（如华为）被称为"铁三角"，也有结合渠道方人员形成"铁四角"的工作方式。无论是"独行侠""二人转""铁三角"还是"铁四角"，各角色都要纵向加强专业修炼，横向加强协同整合，结合客户的购买和决策过程，通过内部协同的方式，超越竞争对手，赢得客户交易。

图 1-8 项目型销售中买卖双方的典型角色

在项目+订单型销售中，买卖双方的角色对应关系更为复杂，如图1-9所示。以汽车零配件销售为例，在原有三组角色的基础上，加入了造型、质量、制造、物流甚至成本工程师等角色。这些角色中，有些需要保持相对的独立性，如成本工程师或者质量管理。由于零配件或生产物料采购通常是伴随客户的研发需要展开的，各角色需要配合客户的研发过程展开工作，这就要求卖方企业视各角色在销售和研发过程中协作的紧密情况来对销售团队划分角色小组，而不是"默认"使用"铁三角"。

以上这些角色或角色小组都和买方的角色构成配对关系，以便团队能够更专注地为客户提供服务。下面，我将对三个核心角色小组的分工展开描述。

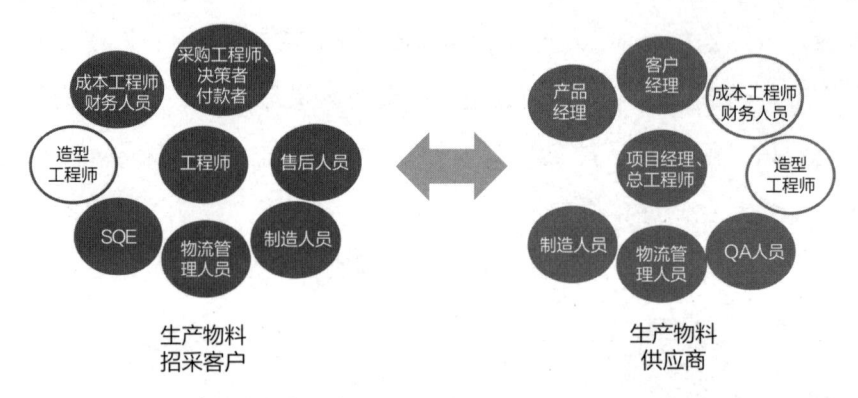

图1-9 项目+订单型销售中买卖双方的角色对应关系（以汽车零部件销售为例）

客户责任人通常对应商务方面的客户角色，如购买者、决策者、付款者。解决方案责任人在某些企业也被称为售前人员，对应客户方的架构师或者相关责任专家、关键用户、用户代表。交付责任人对应客户方的项目责任人。这些角色或角色小组不局限于一个人，他们也可以由一组活动关联性较高的角色组成。

三个关键的角色小组有其不同的定位。

客户责任人总体负责客户关系和可盈利的销售。从客户生命周期来看，他们需要建立和维护客户关系，必要时协同公司资源（如政府关系、高层）共同推进客户关系。从交易层面来看，他们需要领导和推进销售过程，负责竞争策略、报价策略的落实，以及商务条款和相应风险的识别与管理，主导客户合同的谈判，确保交易和回款。

解决方案责任人负责提供满足客户需求的针对性技术及服务解决方案。首先，要对客户需求进行深入分析，结合竞争情报，在公司的战略框架下明确解决方案的差异化策略，驱动解决方案的拟定，确保方案质量、标书质量，提升方案竞争力和收益性。其次，要面向客户需求，引导客户认可公司的方案。

交付责任人负责合同履行并达成预计的收益和客户满意。政企业务中，既包含规模化产品销售，也包含非标准复杂解决方案销售。在复杂解决方案销售中,需要满足由客户的自身独特目标所带来的需求。在差异化的客户需求和内部绩效要求的驱动下,客户责任人或销售代表容易倾向答应客户的特殊要求。在某种意义上,这些特殊需求有助于提升卖方的产品水平和技术实力,因为因循守旧的产品会让企业失去"前进的理由"。然而企业也需要避免"过度承诺",以及由"过度承诺"带来的无法交付、交付延迟、引入超出预算的资源等导致的损失。此时,交付责任人需要提前介入售前阶段,并代表交付部门对销售团队和外部客户做出服务交付承诺,确保交易的可交付性。由于交付责任人在项目过程中有更多机会接触客户干系人和了解卖方的实际运营状况,他还需要对维护客户干系人关系负责,在发现客户痛点时,协同客户责任人和解决方案责任人将痛点"激活"为需求,推动"现场"销售。

1.4 思考总结

- 政企销售如何影响企业盈利?
- 要提升政企销售业绩,需要提升哪些关键子目标?
- 政企销售中常见的问题有哪些?
- 销售线索到回款这个企业核心流程与企业其他活动有哪些关系?
- 如何定义政企销售的销售阶段?
- 销售流程有哪三种基本模式?
- 销售过程中需要持续从哪些方面进行复盘和检点,以确保销售阶段的高质量推进?
- 政企销售中涉及的关键角色有哪些?

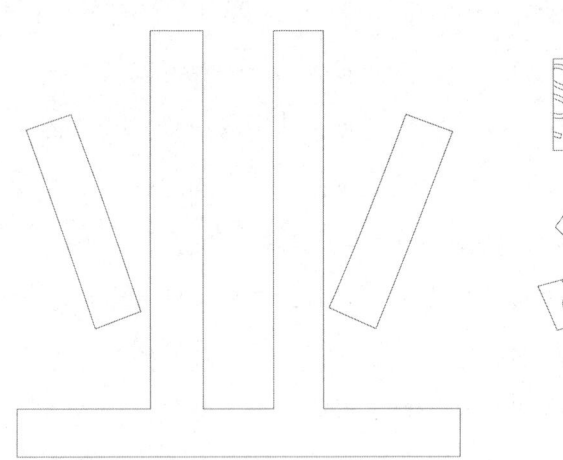

第 2 章

客户策略与规划：明确市场扩张、渗透路径

2.1 竞争版图与资源分配

记得我在埃森哲咨询公司的时候,有个客户想做个咨询项目,预算不高。我向当时的上级汇报了这件事,但得到的回复是由于客户规模的问题,终止跟进。我当时不解,心里怀疑老板挑肥拣瘦。后来意识到,原来埃森哲在目标客户方面践行"头部战略",即聚焦服务各行业的头部企业。也正因此,全球各行业的"头部最佳实践"才能被横向推广。而换到较小的客户身上,这些"头部最佳实践"或许并非良方。只有聚焦客户群体,我们积攒的行业经验、洞察方式和"手感"才能更好地支持团队在类似的客户群中完成高效准确的诊断并给出有效的解决方案。

"聚焦客户群体"不仅适用于咨询行业,也同样是大多数企业需要研究的课题。这个课题需要市场人员牵头,协同销售、研发、生产交付等部门,结合外部环境和内部能力共同完成。当然不同企业采用的策略各不相同。

以汽车零配件行业为例,不同的零配件企业锚定的客户群体差别较大。比如,行业头部零配件厂商通常首先服务技术要求高、需求规模大的汽车厂商(见图2-1,象限1,我称其为"前瞻客户"),并将技术平移至"标杆客户"(见图2-1,象限2),或视情况推及需求规模大、服务技术要求低的"大众客户"(见图2-1,象限4),以便在保护利润空间前提下打造规模效应。腰部汽车零配件厂商很难在抢占前瞻客户方面具备竞争优势,那么就需要管理好客户组合,服务少量"标杆客户"以打磨产品,同时视情况将领先的产品功能或技术下沉到"大众客户",在这个层面形成规模效应。低端的零配件厂商大多以价格、服务或资源取胜,可服务"大众客户"中对价格更为敏感或对自己有帮扶关系的汽车厂商。"基层客户"（见图2-1，象限3）的需求规模小、服务技术要求低，可能带来的盈利能力也相对较弱，面向这些客户时，需要更好地管理成本和报价策略。

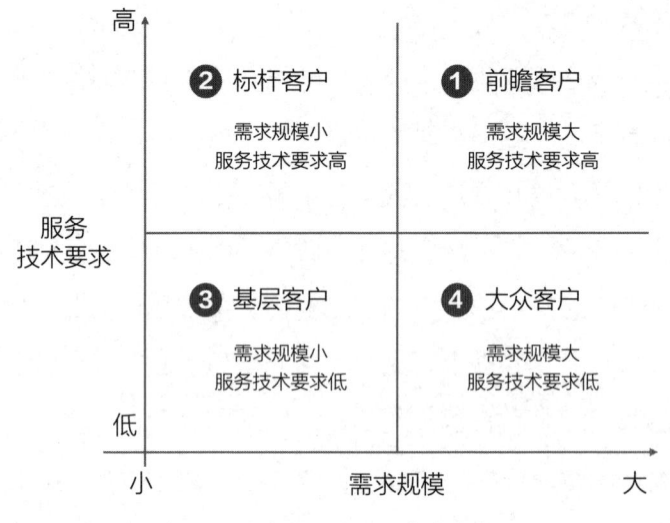

```
服务              高
技术要求
         ❷ 标杆客户        ❶ 前瞻客户
         需求规模小        需求规模大
         服务技术要求高    服务技术要求高

         ❸ 基层客户        ❹ 大众客户
         需求规模小        需求规模大
         服务技术要求低    服务技术要求低
              低
         小      需求规模      大
```

图2-1 汽车零配件行业客户分类

锚定客户群的时候，需要综合考量三个维度：客户群的规模和增长；选择该客户群时业务的盈利；企业相对竞争对手的服务和满足客户的能力。依据这三个维度的综合评估，企业可以对目标客户群或客户进行优先级排序，对高优先级客户给予资源倾斜。选对客户是企业提升收益的前提和基础，也是销售团队形成"拳头"的基础。

从某种程度上来说，企业增长的杠杆一方面来自自己的产品和解决方案，另一方面来自客户自身的增长。比如，有家为大型药企提供原料药的企业，本来与竞争对手的差距不大，但在拿到客户一个新产品的材料供应机会之后，客户的新产品在市场上获得了爆发式增长，同时拉动了原料药的供应，于是这家原料药企业的市场占有率随着客户产品的爆发式增长而水涨船高。

目标客户群的定位及调整对企业发展尤为重要，这不仅仅是销售团队面临的问题，也需要市场人员通力协作，集中收集客户信息、竞争对手信息和相关销售案例，与一线销售团队进行信息共享，支持和指导一线销售。然而这一点恰恰出现在常见问题清单上。缺少市场洞察和信息共享、缺少对一线销售的指导是本阶段的常见问题。

锚定客户群体是制定客户策略的起点，在这之后企业需要为其匹配相应的销售资源。对创业期企业而言，客户资源通常掌握在企业高层手中。随着企业规模的扩张和中层管理人员的出现，销售骨干、客户经理或渠道伙伴需要掌握更多的客户资源，形成"战区主战""专业与产品主建""后方管总"的态势，避免资源板结在中高层手中，避免中高层本身成为"销售天花板"和"精力瓶颈"。

就销售资源配备模式而言，企业首先需要考虑是否或者如何采用渠道销售伙伴。依据企业与客户互动的紧密程度，大致有3种基础的销售资源配备模式，如图2-2所示。企业可根据自身具体情况采用其中一种或多种。

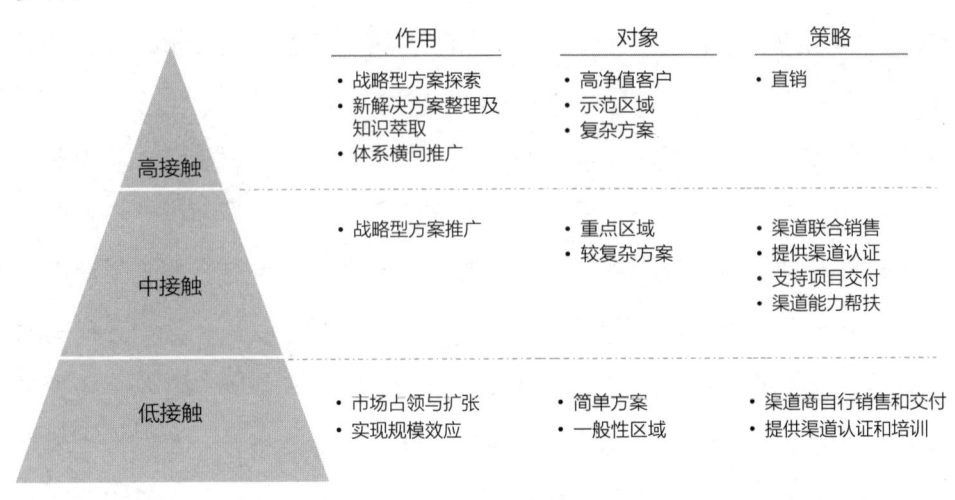

层级	作用	对象	策略
高接触	• 战略型方案探索 • 新解决方案整理及知识萃取 • 体系横向推广	• 高净值客户 • 示范区域 • 复杂方案	• 直销
中接触	• 战略型方案推广	• 重点区域 • 较复杂方案	• 渠道联合销售 • 提供渠道认证 • 支持项目交付 • 渠道能力帮扶
低接触	• 市场占领与扩张 • 实现规模效应	• 简单方案 • 一般性区域	• 渠道商自行销售和交付 • 提供渠道认证和培训

图2-2 销售资源配备模式

高接触：对于采购复杂解决方案的高净值客户，企业可通过直销推动客户互动和交易。即便企业以渠道销售为主，我也建议部分采用直销模式，以便保留市场洞察的通路，通过与客户协作持续探知市场需求，推进战略机会的探索、经验知识的总结及进一步的横向推广。当企业划分多销售区域时，也可对"示范区域"重点采用直销模式，通过对该区域的"压强式"渗透，归纳"强创新""高市占"所需的运营模式和成功要素。

中接触：对于购买较复杂方案的非高净值客户，可通过与渠道商协作的方式完成客户接触和推进交易。这种模式下，可以渠道商为主来销售，企业对渠道商提供能力帮扶、解决方案支持和认证。

低接触：对于购买简单、规模化产品或方案的客户，企业可充分借助渠道商的分销和渗透力量，对渠道商提供认证和培训，由渠道商自行交付。

以上三种方案中，"简单"或"复杂"是相对渠道商、交付能力、交付质量及客户满意度而言的。如果某区域的主力渠道商能够就某类解决方案较好地满足当地客户，我们可以将这类解决方案视为"简单"。企业可依据自身解决方案特征、渠道商能力和客户需求来策划销售资源配备的模式，以求更高效的市场覆盖和渗透。

在直接销售方式下，企业需要决定如何将有限的"销售经理"配备到客户中去。具有一定规模的企业需要将客户再次细分，识别出综合价值较高且符合企业战略发展方向的客户。其中，综合价值可综合多个维度来评估，如客户带来或可能带来的累计财务收益及非财务收益、客户自身的增长速度及买卖双方的战略契合程度等。高价值客户在不同的企业中会被冠以不同名称，如钻石客户、战略客户等。需要说明的是，企业可根据客户细分、营销目标及资源情况选择一到多个客户群，或采用大众策略。客户分群的更大意义在于优先级排序，而不是选择。有些发展期的客户，尽管他们没有到达战略客户的层级，但其可预期的发展速度会推动其成为未来的战略客户。这类发展中的客户可能会拉动卖方业务的增长，成为企业业绩增长的主要驱动来源。比如，一家汽车厂家的销量增长会带动其零部件供应商的业绩增长。在有些企业中，增长型客户被称为"基础客户"。战略客户和基础客户是值得我们关注的客户，需要按照一个客户经理对应有限个客户的原则来匹配销售资源，确保对客户的深入洞察，确保客户服务的连续性和专注性。根据客户的需求规模，那些增速较快的基础客户有可能拿到比战略客户更豪华的服务资源。除销售经理外，还需要视情况配备专职的售前工程师或服务团队。

除基础客户和战略客户外，可按照区域来配置销售资源，每个区域由一组销售人员来跟进该区域内的客户需求。区域渗透有利于扩大客户基础，对开拓除战略客户或基础客户外、转化率不太确定的区域市场具有重大作用。即便在区域中，仍然可以区分客户优先级，对高潜或高价值客户进行压强式跟进，对非高价值客户按需响应。

那么，销售大区是否划分得越精细越好呢？销售大区的设置通常与业务拓展和客户拓展有关，并没有硬性标准。有些领导可能希望在提拔销售经理的时候，把原来的成熟大区一分为二，把其中的一份交给新区域经理来管理。但大区划分并非越精细越好。我曾经服务的一家客户热衷于学习华为，对华为渗透到每个省的做法大加赞赏，于是要将原来中国国内的七个大区改为省区制。与类似规模的企业对标后，我建议道："华为大中华区约8000人，我们不到600人，其中销售和售前人员90人，如果分散到各省，除重点省外，有些省只能有1~2人。1~2人去开辟新的市场无异于创业，很难有那么多年轻员工能耐得住孤独、在没有团队和精神支持的前提下推进业务。"但客户仍然对省区制坚信不疑。而省区制的推行结果是单兵作战的省份两个季度没有形成有效的商业机会，没有销售额。新到任的销售总监到几个省巡视了几圈，回来气愤地说："这几个人不知道在做什么，成天吊儿郎当的。"我建议道："这不能全怪员工。"

结合组织管理的相关规律，我建议综合参照如下要素来考量是否采用区域化渗透方式及多大程度地精细覆盖市场：潜在和保有客户数量、销售人员数量、需求地域性、创新驱动因素、解决方案复杂程度、竞争优势、销售渠道、区域需求量波动等（见图2-3）。借助如图2-3所展示的工具，我们可基于多个维度对自己公司的情况进行定性排布。得分偏向左侧时，可倾向精细覆盖，即大区或省区数量可略多；得分偏向右侧时，宜采用少数大区，甚至不分区，转而采用大覆盖或垂直事业部的形式展开销售。需要注意的是，这是个相对的分析方法，使用者需要结合自身业务现状、复杂性、员工数量和能力来适配具体情况。

影响业务要素	精细覆盖要素	大覆盖或垂直事业部
潜在和保有客户数量	数量众多	有限且客户资源集中
销售人员数量	分区后仍构成团队	再精细时出现单兵作战
需求地域性	地域特点鲜明	全国统一
创新驱动因素	消费者需求	科技进步驱动
解决方案复杂程度	可快速掌握	专业化要求较高
竞争优势	营销及客户关系	技术、方案
销售渠道	多重渠道	专业渠道
区域需求量波动	较为稳定	波动较大

图2-3 销售大区数量参考评估维度

2.2 市场突破

2018年，华为正式向汽车行业迈进。那年华为轮值董事长徐直军亲自率队访问了几个汽车厂家，交流过程中展示了已有的研发成果和与汽车自动驾驶等场景相关的演示视频。华为与北汽新能源的合作就此拉开帷幕，在华为2012实验室秘密酝酿多时的汽车业务也终于崭露头角。与北汽新能源初步接触的时候，双方尚未厘清未来的合作模式，但都确定有战略合作的空间。在相互了解对方的技术、产品和组织能力之后，合作造车的模式逐步清晰起来。

这不是华为第一次"无中生有"，这可从华为开拓海外市场的过程中可见一斑。1996年，华为开始执行国际化战略。然而当时的海外市场对来自中国的品牌并无认知和信任，于是市场的突破就从长名单到短名单开始，从1000家左右的运营商中锚定与华为最可能匹配的5~10家并争取建立客户关系，进一步推进供应商入围。经过不懈沟通和努力，华为终于在1999年实现收入零的突破。

市场突破的常见场景可被映射到安索夫矩阵中，如图2-4所示。

	老产品	新产品
老市场	市场渗透	产品扩张
新市场	市场扩张	多元化 （颠覆式创新）

图2-4 安索夫矩阵

安索夫矩阵用市场、产品两个维度将业务的扩张路径划分为四个象限。在老市场中销售老产品被称为"市场渗透";在老市场中销售新产品被称为"产品扩张";在新市场中销售老产品被称为"市场扩张";新产品在新市场中销售意味着"多元化"。在这里,我们重点论述市场扩张和产品扩张的方法。"市场渗透"可借助本书的销售流程开展。"多元化"可结合产品扩张和市场扩张两种方法开展。但这里需要说明的是,在新市场中销售新产品所带来的风险要高于前面三种。

向新市场或新客户进行业务拓展时,可参考华为开拓海外市场的实践。从长名单到短名单,到入围、交易、持续购买,这个从市场突破到建立长期可盈利客户关系的过程可以被归纳为"摸""圈""精""耕",即摸底、圈地、精种、深耕四个环节。

"摸底"即在长名单中初步定位目标客户。在这个环节中,掌握的客户信息越多,对目标客户的定位越准确。对政企业务而言,最简单的方式是通过查询政府网站或下载工商信息完成初步的信息收集。对某些特定行业,可以进一步从协会、服务商、友商、同行等渠道获得信息,如潜在客户的销量统计报告等。根据企业的近期能力和市场竞争策略,企业可按照客户的行业、地区、创建时间、注册资本、实缴资本、参保人数等进行初步客户筛选。基于初步筛选的清单,企业可进一步查看客户风险、官网等信息,对客户清单进一步聚焦。

"圈地"的作用是确定"门当户对"的客户短名单。对客户初步接触之后,企业对客户的战略方向、未来合作可能性、产品价格段等会有初步的了解。基于这些了解,可以把有合作潜力、实力匹配的客户进一步筛选出来,由此确定短名单。"圈地"不应止于仅仅弄明白哪些客户有合作可能性,还要厘清在这个客户下,可能在什么时候会有哪些潜在机会。这个过程我们将在后面的"客户规划"章节进行详细说明。"圈地"的挑战之一是链接到客户，敲开客户的门。有关这一点，我们将在3.2节中展开。

"精种"即认真对待第一次合作，与客户完成销售到回款的首轮磨合。在这个过程中，需要充分适应客户的内部工作语言、习惯和企业文化，在赢得交易的同时赢得客户满意。

"深耕"是与战略客户或基础客户（不同企业对重要客户的定义有所区别）达成第一次交易之后的工作要务。销售团队需要持续推进与重要客户的深入合作，维护长期的、可盈利的客户关系。后面要讲的"客户规划"是确保这一步落地的关键要点之一。

当面向已有市场销售新产品或解决方案时，企业需要解决产品投向市场并逐步成熟的问题。其中，规模化产品和复杂解决方案所需的推广方式有所不同。

规模化产品的推广要求企业在研发过程中就完成市场营销的准备和预热，以及初期渠道的确定和培训、销售、备件准备、售后培训等活动，在产品发布后完成爬坡监控和策略调整。

对复杂解决方案的业务拓展而言，从首个交易到批量交付所面临的复杂性很大程度上有别于规模化产品的推广。在产品开发即将结束的时候，需要将研发团队给出的通用或基础解决方案交由解决方案相关团队完成进一步场景适配（如行业场景），研发团队在行业场景完成验证之后，由一线销售人员识别和争取早期目标客户，在客户团队就早期的解决方案进行打样的过程中，研发团队需要较深地介入产品优化和解决方案交付，交付团队则以验证方案的可交付性为主。经过可交付性验证后，解决方案进入小规模推行和产品优化阶段。在这个阶段，研发团队负责产品优化，解决方案相关团队完成解决方案材料的制定，包括销售过程中可能用到的价值点、方案要点及竞争亮点相关话术，交付团队完成交付方法和工具的沉淀。此时面向客户的交付逐步由研发团队过渡到交付团队。接下来解决方案进入大规模推广阶段，研发团队持续完成产品的优化，解决方案相关团队完成大范围赋能，交付职责主要由交付团队承担。需要注意的是，对于早期订单（有些企业称为战略机会），由于拓展团队面临的不确定性更大，往往需要投入重量级（人不在多而在精）资源。一旦经过小规模推行和产品优化，企业就要从重量级资源转向规模化资源（经过赋能的大量人员），快速推广该方案，并打造业务壁垒。

2.3 需求的起源和形成

相对华为在市场开拓方面的"无中生有"，销售经理们，包括我自己，也会主动或者被动地收集一些潜在的销售机会。有些企业还设置了公开招标的扫描机制，对客户"挂网"招标的机会进行网上搜索，然后组织应答投标。然而销售经理也在抱怨，这些已经"挂网"的招标机会，多数已经被人"控标"了，这个时机进去，要么需要快速有效地影响客户方的关键决策者，要么需要用显著的价格优势来竞标，无论采用哪种方案，控单力度都不及那些早期介入、经过充分沟通后"缘分到了"的机会。即便中标，也常常由于需求规格不倾向自身，或价格过低，导致不容易交付、营利性差。棋逢对手的情况下，越早介入潜在销售机会，越可能提早影响客户的"心理排序"。

那么怎样尽早找到潜在机会？为了厘清这个问题，我们首先以追本溯源的方式分析一下需求的起源和形成，这有助于我们加强销售的源头管控，也有助于更有效地推进销售进展。

当我们把目光聚焦到客户行为中去时，就会发现至少能用四个词来描绘需求的发展过程（见图2-5），它们是渴望（Desire）、需要（Need）、构想（Want）、需求（Demand）。渴望是形容"没有这个东西就难受"的状态，或者可以理解为我们耳熟能详的"需求来自痛点"。为了便于说明，我举几个小例子。比如，口渴是我们身体缺水的信号，口渴让人感觉不舒服。但它不一定需要人们的进一步行动，除非人们认为这个问题很重要，或者难受的程度已经让人不能再忍了。什么是问题的重要性？比如，舞蹈演员参加重大活动开幕式，即使口渴了也要首先确保演出完成，而不是立即解渴，这说明重大活动开幕式对舞蹈演员来说更为重要。什么是难受的程度？比如，某个小伙子感冒了，由于症状不严重，他决定先扛一扛，而不是立即购买药品，这说明他的难受程度可以容忍。如果具备"没有这个就难受"、"重要性"高、"难受的程度"大三个条件，这个需求就会被推向下一阶段，变为"需要"。"需要"的作用是把人们从难受的状态中解脱出来，触发人们明确的行动意图：或者接近、获取产品或服务，或者避开、远离令人不悦的环境。当然，行动意图不总是"购买"。回到交易场景下，购买者在这个阶段会正式或非正式地收集供应商信息，确定可选择的方案，这些可选择的方案被称为"构想"。在"口渴"的小例子中，构想阶段同样有多种选项，如喝水、喝茶、喝咖啡等。购买者会在此时确认解渴的方式，如喝咖啡。接下来，在类似的构想中，买方会结合自己的购买能力、社会身份、急迫程度、所处环境等因素决定具体选择何种参数和何种价位的产品，如选择速溶咖啡还是手磨咖啡。构想被"规格化"后，被称为需求（本处指狭义的需求）或需求规格。

我们已经看到需求的演进过程，那么我们能否尽早地识别"渴望"或"痛点"，能否让"没有这个东西就难受"显性化？能否改变需求的重要性？能否改变需求的重要程度？如果您的答案都是"能"，那么您太有销售天赋了。有关需求"激活"、客户期望的管理，我们会在第3章、第4章展开说明。接下来，我们聚焦怎样获取"渴望"，无中生有地策划客户需求。

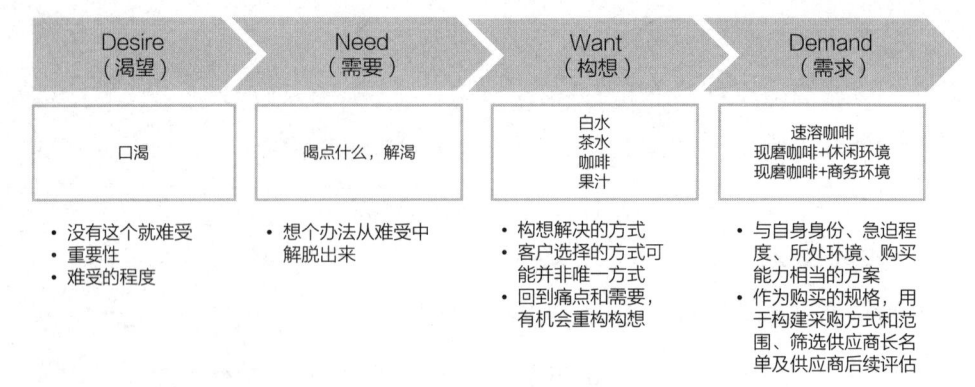

Desire（渴望）	Need（需要）	Want（构想）	Demand（需求）
口渴	喝点什么，解渴	白水 茶水 咖啡 果汁	速溶咖啡 现磨咖啡+休闲环境 现磨咖啡+商务环境
• 没有这个就难受 • 重要性 • 难受的程度	• 想个办法从难受中解脱出来	• 构想解决的方式 • 客户选择的方式可能并非唯一方式 • 回到痛点和需要，有机会重构构想	• 与自身身份、急迫程度、所处环境、购买能力相当的方案 • 作为购买的规格，用于构建采购方式和范围、筛选供应商长名单及供应商后续评估

图2-5　需求的发展过程

2.4 客户规划

华为有个词叫"看网讲网"，顾名思义，就是定期对客户的系统进行检测和诊断，分析系统的问题和风险，并与客户汇报沟通，指出需要优化的空间，进一步激活客户的需求。这类协同不仅仅在交易进行中执行，更多用于对客户的持续、深入了解。"看网讲网"是激活客户需求、延长客户的长期可盈利关系、促成双赢的方法之一。与"看网讲网"相比，"客户规划"则更为全面和系统。

客户规划在很大程度上影响着潜在机会的识别与规划，是脱离"乱打仗"和"打乱仗"的关键。在卖方的产品或解决方案对某客户群具备持续销售或长期合作可能性的前提下，对于本章前面提到的战略客户和发展期的基础客户（未来可能成为战略客户），以及区域中需要主动跟进的高潜或高价值客户，无论是否已经达成交易，都有必要对他们进行客户规划。

客户规划始于对客户进行战略分析，随后由销售团队基于深度客户洞察来识别潜在的合作机会，将其与正在跟进的机会进行汇总；接着通过对干系人的了解和分析，为其逐个指定跟进责任人；最后根据这些机会的销售预测锚定公司与竞争对手在客户内部的业务份额。提升企业在单个客户内的份额，会更有效地助力企业提升市场占有率。

具体来说，客户规划可以总结为"四看一定"（见图2-6），即看客户、看竞争、看自己、看机会、定目标和计划。

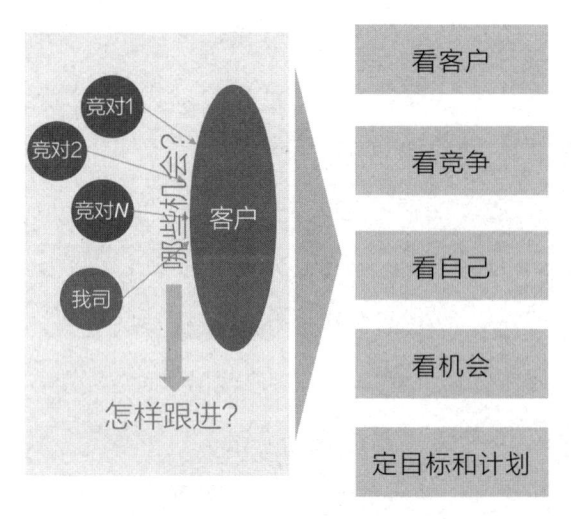

图2-6　客户规划的组成部分

"看客户"旨在全面研判客户可能的需求。企业需要从四个方面了解客户。第一，了解客户公司背景、战略及目标；第二，帮助客户分析其自身SWOT（Strength/优势、Weakness/劣势、Opportunity/机会、Threat/威胁），研判客户未来的发展方向和意图；第三，了解客户与我司业务相关的战略路径、主要变化和规划；第四，了解客户与我司业务领域相关的历史合作情况及竞争者份额。"看客户"的阶段是我们寻找"需求的起源"的重要时机。在这个阶段，我们不仅需要识别客户自身需要改进的劣势，也需要识别客户现状与其自身目标之间的差距，以及这些问题的重要程度和紧迫程度。尤其要重视客户自身和外部环境的发展与变化，比如行业政策调整、客户是否规划了新产品、客户是否需要新建厂房或产线、客户是否需要加强供应商制衡、供应市场是否出现替代品，并尽可能地帮助客户显著降低成本、推进收并购、加速从创业期迈入快速发展期等，这些变化都可能触发客户引入新的供应商。

"看竞争"旨在评估企业与竞争对手的优劣，进一步支持竞争应对。依据供应商在客户中的地位及客户的采购战略，供应商可被分为标杆供应商、挑战供应商、可能的替代者和新进供应商四类。企业可把自身分别与这些供应商进行对标，从解决方案、商务关系、合作历史、技术领先、供应能力、企业体系等方面识别各方的优势与劣势。

"看自己"的过程中，需要将外部机会、威胁，以及自身的相对优势、劣势归纳为SWOT分析，并完成SWOT转换（见图2-7）。使用人员可首先填写机会、威胁，以及面向未来机会和威胁的优势、劣势；再从发挥优势、拥抱机会（S-O），发挥优势、应对威胁（S-T），改进劣势、拥抱机会（W-O），扭转劣势、规避威胁（W-T）几个角度拟定己方对客户的销售策略。

带着新的历史视角来审视自己	S优势（客户看我司）	W劣势（客户看我司）
	• 曾参与战略项目X • 10年成功合作 • 获得配额为XXXX量/月以上的好项目	• 因质量问题，失去了XX项目机会 • 产能问题
O机会 （外部）	• 客户XXX年启动规模化新项目，预计销量XXX	• 人员驻点服务（前端办公室） • 通过XXX进入XX平台	• 加强质量控制
T威胁 （外部）	• 客户在XXX产品产能增加时，会引入新供应商，导致竞争加剧	• 通过XXX维持XX产品的份额 • 通过进一步对标，加强价格和成本管理	• 加强高层交流 • 加强捆绑销售

图2-7 SWOT分析与转换

"看机会"是四看中的核心落脚点。通过前述分析，销售团队大致可以推导出客户的需求。在"看机会"这一步,需要明确地列明未来可能有哪些潜在的和正在跟进的合作机会,以及这些机会的可能收益是多少。企业应尽量优先锚定那些收益(财务收益或非财务收益)足够大、具有一定竞争优势、能力够得着的业务。除了找到这些机会,还要让这些机会变得可行,其中一个重要环节是识别客户干系人。针对识别到的潜在机会及跟进中的机会,应厘清客户的对应责任人或联络人员,为他们指定公司内部的接洽人员,完成"人盯人"的配置。

识别到潜在机会和对应责任人之后,要检验一下这些机会在一定转化率下是否支持目标的达成,目标是多少,下一步计划是什么,目标达成有哪些风险,需要公司提供哪些支持和帮助。这个步骤就是"定目标和计划"。对于那些采用多供应商并给予供应商配额管理的客户,企业应明确自己在单客户中的市场占有率并尽全力达成,以推动整体市场占有率的提升。

对于项目+订单型销售模式,由于后续订单会影响未来的主要收入,卖方需要选择与自身资源能力、价位区间、战略方向相匹配的项目,针对这些项目完成未来累计订单预测,基于长期的订单预测来核验这些项目对销售目标的支持程度(见图2-8),并通过调整潜力项目来支撑目标设定。

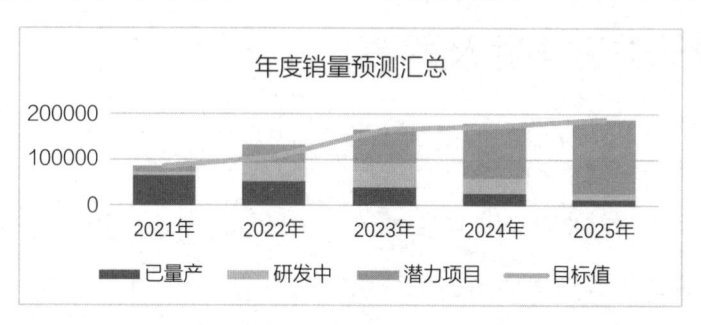

图2-8 项目+订单型销售模式的年度销售预测与目标对比

上述销售目标核验通常适用于项目+订单型销售模式,但真实场景中也有例外。比如,医药研发外包服务(简称CRO)是项目型销售,不涉及订单生产,如果收费模式变为"技术服务换股权"(Equity for Service,

EFS），那么其收益不仅与研发项目服务费用有关，还与客户医药产品量产后的销售收入分成有关。这就要求销售团队在进行项目销售时，除项目服务费用本身外，还需要根据产品的市场预测来预估产品生命周期收益。从这点来看，其实际的销售模式更贴近项目+订单型。

客户规划的"四看一定"看似简单，但这项活动依赖卖方与客户的已有关系，依赖公司的情报收集能力。"被动地等待需求""部分人自发执行客户规划""对客户的系统分析因人而异"是这个阶段经常出现的问题。企业需要通过创建和应用机制、模板来循序渐进地建立和完善此能力。市场部门对情报的大力收集和对信息的受控分享也将帮助销售团队更好地锚定潜在销售机会。

客户规划不仅仅面向下游引领销售，也面向上游，作为政企客户市场洞察中不可或缺的一部分，输给战略管理团队，用于集中分析市场的最新需求和趋势。

2.5 本阶段的关键角色及职责

客户策略与规划的重点在于情报收集、谋定而后动。依据不同公司的历史沿革，公司可委任销售管理部门或市场部门管理客户的策略及驱动客户规划。具体的客户规划由销售经理协同售前人员、交付人员（此处角色可一人兼任）共同完成。

2.6 思考总结

- 企业如何锚定目标客户群、制定客户策略？
- 通常可考虑怎样为客户配置销售资源？需要注意的事项有哪些？
- 新的市场如何突破？
- 需求的形成过程是怎样的？这对我们有哪些启发？
- 客户规划的意义是什么？如何完成客户规划？
- 客户策略制定、客户规划通常需要哪些角色来推进完成？

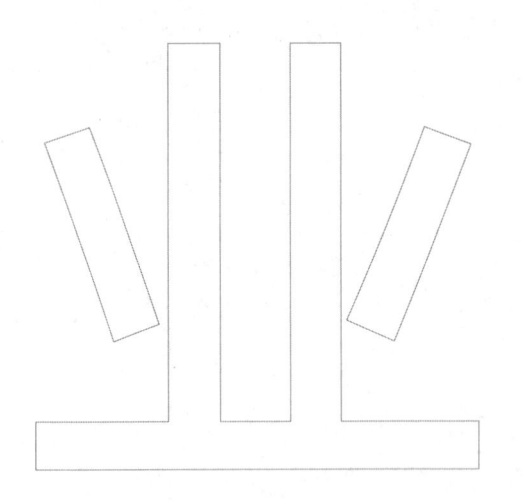

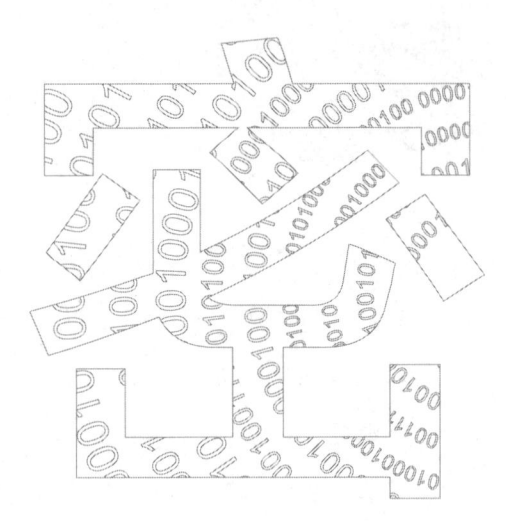

| 第 3 章 |

线索生成：扩大线索来源

3.1 线索是潜在的销售机会

前面我们讲述了需求的起源和形成,提到早期介入潜在销售机会的重要性。

对政企客户而言,应对特定场景的潜在销售机会被定义为销售线索。

其中,场景主要包括三方面要素。一是在什么时间窗口或触发条件下,客户产生了哪些痛点或问题;二是客户的内外部环境特征和变化;三是客户自身的行业地位/行政层级、购买力、决策人群的文化背景和认知。痛点或问题构成需求的内核,其他两方面要素则会影响产品或服务的形式、技术参数、品质要求、价格区间、交付及互动体验等需求规格,需求的急迫程度和期望的价值产出也会因为这些要素而有所不同。

面对众多的客户场景,企业可根据自身的战略定位、客户策略、近期能力、产能或服务容量选择性地生成或接收销售线索。线索阶段的重要任务是厘清不清晰的"渴望"或"需要",使其成为可以进一步支持预算和采购的需求规格。在这个过程中,潜在的隐性需求也应被激活。一旦买方完成了内部立项或释放了相关预算,线索就正式演进为商业机会或商机。

"线索太少""是单子就跟""跟进了很多没用的线索""被动等待线索"是本阶段经常遇到的问题。销售团队需要借助组织能力,通过多种途径来生成、获取线索,并进行线索有效性验证和必要派发。

3.2 线索生成与收集

3.2.1 合作机会拓展

合作机会拓展是生成和收集更多销售线索的重要途径之一。对于目标客户，尤其是"战略客户"或"基础客户"，企业可以从三个层面推进合作机会拓展，分别是战略级（高层）、商业级、产品或技术级（见图3-1）。合作机会拓展不限于新客户或老客户，可以针对众多客户以营销活动的方式进行，也可以针对一组客户在相对有限的范围内进行定制营销，还可以针对特定的客户开展专题研讨。

战略级（高层）				
战略峰会/研讨	战略对标	战略咨询	高层峰会	……

商业级				
客户咨询	活动与展会	合作伙伴交流	展厅接待	日常拜访
客户服务	……			

产品或技术级				
技术交流	产品规划协同	客户视角规划	联合创新	技术论坛
……				

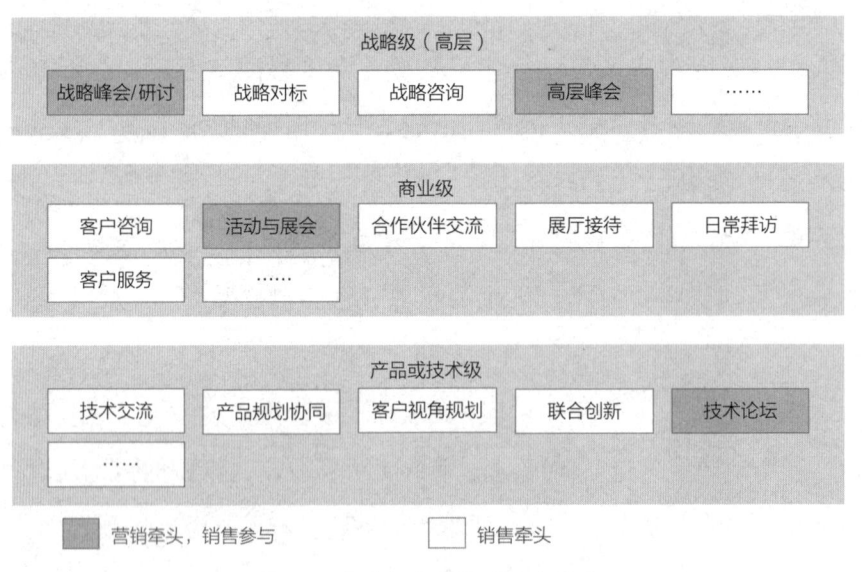

■ 营销牵头，销售参与　　□ 销售牵头

图3-1　合作机会拓展的三个层面

战略级的合作机会拓展在高层之间展开，旨在与客户共同展望长期愿景，交流重要战略意图与合作空间，凸显企业核心优势与独特竞争力，加强与客户在远见格局上的共识和价值观上的共鸣，并不一定指向特定销售机会。战略级协同的典型活动包括战略峰会/研讨、战略对标、战略咨询、高层峰会等。战略层沟通所呈现出的客户潜在收益与共享价值观在很大程度上决定了客户关系的核心[1]。

商业级的合作机会拓展指向中短期合作，就潜在的或具体的商业合作进行交流和促进。其典型活动包括客户咨询、活动与展会、合作伙伴交流、展厅接待、日常拜访、客户服务等。商业级的合作机会拓展有助于加强客户认知和信任，推动需求激活和对接。

产品或技术级的合作机会拓展面向关键决策者或影响者，尤其是技术侧关键干系人，旨在对齐买卖双方产品组合和技术路线，从专业层面凸显产品优势和技术实力，或利用概念型或原型产品对商业级、战略级合作机会拓展提供支撑。产品或技术级协同包括技术交流、产品规划协同、客户视角规划、联合创新、技术论坛等。对产品或技术驱动的企业，这个层面尤其重要。

找对人是合作机会拓展的关键之一。这一点，从我前同事的产后回归经历中可见一斑。我的前同事在休产假之后，被A公司分派给了一个大型能源行业的老客户（保有客户），负责开发这个客户的业务。她在进一步了解了客户的现状后惊讶地发现，这个客户刚刚完成内部的权力调整，在权力调整的纠葛平衡过程中，A公司的原有团队被裹挟，业绩停滞不前，选择了集体离职。对于这个老客户，前同事必须重新打开局面。抱着事情已经不会被做得更差的心态，她笃定这个客户只会向好的方向发展，但怎样推进呢？她找了几乎所有可能了解客户内部主要领导的人，逐个了解了客户内部主要领导的背景和行事风格。通过对比这些主要领导的做事风格，她识别到了一位聚焦做事、各方关系维护较好的领导。这位领导过去

---

[1] Robert M. Morgan, Shelby D. Hunt. The Commitment-Trust Theory of Relationship Marketing[J]. Journal of Marketing. 1994-07, Vol. 58, No. 3: 20-38.

一直在积极推进各类事务的进展和创新，不满足于现状，不拘泥于自己部门、其他部门还是外部资源的使用。前同事对他展开了频繁拜访，和他一起讨论行业趋势、案例、客户竞争对手的动向。这些对话启发了客户的新思考，终于激发了新的机会，带来了客户的回归。

客户经理的智慧和运作会不断地为公司实现开源，同时值得我们注意的是，合作机会拓展是组织行为，而非销售经理或客户经理的独立职责。

一个协力打造的合作机会拓展活动通常会涉及市场营销职能和销售职能。类似图3-1中的战略峰会/研讨、高层峰会、活动与展会、技术论坛等利用多方会议或展会形式邀请客户参加的活动，可由市场职能或大客户部门组织，客户经理可分别邀请其所负责的客户到会。除集中向客户展示公司愿景、实力和动向外，这些活动还赋予了客户经理与客户加强互动、密切接触和交流的空间。此外，销售经理还可推动高层领导或协同售前人员、交付人员、研发技术人员同客户展开各个层面的针对性沟通。这些层面的客户互动有助于企业激活客户需求、生成线索和推进客户关系。

然而正如1.2.4节中所言，市场传播经常与销售产生断层。如果把市场营销比作空军，把销售团队比作陆军，那么空军能否在陆军需要的地方完成轰炸，或者空军轰炸完后陆军能否及时跟进呢？对此，有些销售人员说：" 市场营销组织的展会针对性并不强。当我们想建议开展一些沟通更有效的会议、活动时，已经没有预算了。"听到这话，营销部门也一脸无辜："销售团队没有提前把需求告知我们。"营销部门和销售人员的双向奔赴如何加强呢？我们在2.4节中提到了客户规划，其中需要识别特定战略型或基础型客户未来的潜在商机，基于预估的销售转化率定义销售目标。对于这些潜在商机，尤其是其中志在必得的商机，销售团队需要厘清哪些客户购买决策者和影响者会参与其中。营销部门与销售部门需要更加有的放矢地针对这些人员策划"接触点"，帮助这些客户提升对公司的认知和感受，以便对公司形成良好的印象。基于此，营销活动可以分为三个层次：第一，市场部识别的公开展会或各类会议；第二，除公开展会和会议外，销售团队所建议参加的会议、协会等；第三，定制化营销活动。

3.2.2 客户获取

除了那些脱胎于商业巨头，或一开始就获得投资者青睐的企业，大部分企业都始于默默无闻。企业在创业期，创始团队对获得早期客户起着决定性作用，客户资源多集中在公司领导手中。到了成长期，企业发展出独立的销售部门，出现中高层销售管理人员，客户资源会逐步下放。在获得一定商业规模之前，"品牌效应"仍难以彰显和依靠。企业要快速增长，就离不开销售人员年复一年、日复一日的努力。想想市场拓荒临行前的壮行酒和业绩达成归来时的庆功酒，那些职业生涯中举杯相携、誓言"拿下"的日子着实令人鼓舞。然而被企业寄予厚望的销售经理们在面临市场开拓时，并非全都拥有了适合公司业务的、强大的人脉和资源网络。"加入公司的时候，公司匹配的客户资源不多，以自己的个人开拓为主。"在我的访谈中，销售经理们经常这样说。

八仙过海，各显神通，销售经理们使出的浑身解数中，创意无限，难以穷举，我们暂且把这些市场开拓方法归纳为直接获客和间接获客。

直接获客指销售经理通过各种渠道获得客户信息，与客户建立直接联系或形成交易。互联网查询、朋友询问、业内人员甚至竞争对手介绍、行业报告、各类会议、老客户推介等方式都可作为信息获取渠道。尽管有些企业会设立电话销售团队，在探知潜在客户的兴趣后，将感兴趣的客户转给销售经理，但不可否认，随着电销的兴起和普及，这种方法的边际效用已经大大降低。除此之外，行业协会、联盟等也有助于销售经理拓展人脉。需要说明的是，人脉来源于日常维护，而非急需业绩时的临时联络。销售经理需要不断扩大和定期维护自己的人脉资源与客户链接,即使没有"现成"的销售线索。随着"圈子"的扩大,销售经理可以慢慢淘汰相对低效的获客方式。对于客户数量屈指可数的行业,比如医药研发、汽车配件提供等,除与客户建立联络外,还需要赢得客户"认证审核",加强客户对己方的了解,为将来进入其"采购长名单"做好准备。

有些销售人员并不满足于以上的获客方式,他们希望能归纳出一些获客的"打法"。在2.2节中,我们提到了摸底、圈地、精种、深耕四个环节。现在,我们重点论述"圈地"。在厘清具有一定规模和增长、能够提供盈利空间且客户需求与己方战略匹配度较高的客户名单之后,我们需要按打造知晓、印象接触、压强入围、推动合作四个阶段来展开推进客户获取这一任务。这背后是一系列客户行为学研究和实践总结,我把它归纳为相对可实操的框架。

第一阶段是"打造知晓"。在这个环节,企业需要让客户"记住我与众不同"。为此,营销部门需要识别企业独特的定位及支持这个独特定位的企业资源和能力,协同销售职能,持续就"核心消息"与客户和各类"品牌大使"(如公众、政府、投资人、员工)进行沟通。企业定位需要体现差异化竞争优势。这个差异化竞争优势一定是客户认为重要、可以较为长久地领先于竞争对手、独特且不容易被模仿、随着投资还可以增长的综合能力。这个差异化竞争优势的背后,需要有令人信服的支撑点,以便在与客户解释的时候能够更为翔实地引用事实来加以沟通,而非一味喊口号或宣称"在某范围内领先的某类型企业"。随后,需要视情况展开三个层面的营销。第一,市场部识别的公开行业展会或各类会议;第二,除公开展会和会议外,销售部门所建议参加的会议、协会等;第三,定制化营销活动。与此同时,销售人员需要对客户展开进一步研究,识别可能的客户需求和干系人。销售部门需要与营销部门商讨可以借助哪些关键事件与客户方关键干系人展开"邂逅"。通过尽量精准接触，借助营销部门牵头、销售部门参与并准备的传播材料，企业可以逐步让客户"记住我与众不同"。这里需要注意三点。第一，信息不要太复杂。我在国外读书时，一次下学，突然有好几拨人穿过操场面带笑容、热情洋溢地向我包抄过来，有那么三秒，我纳闷自己怎么突然这么受欢迎，转瞬就反应过来，原来这是赶上学生会选举了。很多团队向我跑过来宣传、拉票，说实话因为团队太多、信息太多，不一会儿我就晕了，根本记不住候选人的名字，对不上候选人的脸。这时，另一个小团队跑进我的视线，为首的同学说："你别的都不用管，只要记住我叫马克！只要记住，我叫马克！"到了投票点，我真的就只记住了马克，然后把票投给了他。这说明简单的信息更容易被记住。第二，沟通材料和方式都要与众不同。这是因为我们的大脑会对"不一样的东西"有特殊照顾，会自动聚焦人类的注意力。第三，要有下一步引导。比如，客户可以在什么时候、通过什么渠道找到公司或销售人员。

第二阶段是"印象接触"。在这个环节中，企业需要达成的客户界面目标包括"认识我、记起我"，这时定制化营销活动更为有效。商业关系是在整体客户关系规划下，从个人关系切入的，因此要关注两个层面的沟通效果。第一，让客户对企业的印象更加有形化。比如，可以邀请客户参观企业，邀请客户与企业专家进行面对面交流，帮助客户获取积极的品牌信息并能够就此展开联想。第二，帮助客户记住销售人员或者销售团队联系人的"关键字"，有些时候可以做些容易记住的"花名"，或者其他小设计。在第一层面的活动之后，需要想办法打造销售人员或销售团队联系人的非正式交流空间，如宴会、陪同参观等，以便建立更人性化的互动体验。在客户认可卖方之前，卖方需要首先认同客户，包括企业的愿景、使命和成就，以及客户方的关键干系人，这样能够更好地推动互信。西门子在这方面具有丰富的经验，比如，在邀请多个企业参加的闭门会议中，主持人会隆重地介绍各个企业，让参会人员带着荣耀感完成后半程研讨和参观。有些企业的销售人员还会在这个过程中运用影响力技巧，如"帮我个小忙"——心理学认为帮了别人小忙的人，在别人请求帮大忙的时候，更乐于接受。

第三阶段是"压强入围"。在这个环节中，企业需要帮助客户从"认识"转向"考察"。这包括：更加精准地识别关键决策人和决策影响者，并与他们建立关系，通过高频沟通塑造熟悉感；推动社交，打造对接人的相互认同；发展"客户教练"；从组织和个人两个层面认可客户并响应它们的需求；展示能力、塑造急迫感；邀请客户考察或主动提供考察资料。对客户方来说，客户教练是可以为卖方提供需求信息甚至竞争对手信息的人。压强入围是最艰难的一步，卖方需要为此做出一些人员和精力的投入。更加深入的沟通往往始于一个现实的需求，或者帮个小忙，因此在展示能力的过程中要注意双向沟通，收集客户的响应和声音，以及痛点。在塑造客户急迫感的过程中，要主动分析和响应客户的环境与竞争压力、时间窗口压力甚至职业发展诉求，这可以帮助客户更加明晰自身的需求和卖方的价值。

在若干可能的合作中，逐步聚焦厘清可能性最大的合作机会，这会帮助我们走向第四阶段："推动合作"。

在卖方大多数员工的思维定式中，客户一定是强势的，并会在各种供应商间利用信息差不断赚取地位优势，这可能属实；但还有另外一面：随着专业化分工的不断细化，商业生态化或者说朋友圈竞争对大多数企业而言已经难以避免。对具有一定规模且已经分离出采购部门的企业而言，战略采购和供应商关系管理则成为采购部门的一项日常工作。对于那些高价值、供应商数量不多且交付难度较大的采购品类，客户会规划如何与整体生态，包含但不限于供应商，共同沿着其战略路径向下一步演进。这期间，客户既要保障自己的供应，又不能让供应商处于相对的供应垄断地位。

在客户不断刷新供应地图的过程中，对目标客户群或客户来说，如果卖方的产品或解决方案具备可持续销售或长期合作的特性，那么卖方在合作早期无须急于拿大项目，反之，用一个稳妥的小项目切入卖方体系更有利于维持长期客户关系。当然，这不排除开始合作就有个大项目，只是这样交付起来要更加谨慎。对面向长期客户关系的合作来讲，"推动合作"可始于"体系融入"，包括对接且适应客户方的项目管理体系、质量体系、生产供应、财务控制体系等。

如果卖方的产品或解决方案针对特定的客户群或客户不具备持续销售和长期合作的特性，则可聚焦销售收益，兼顾体系融入。

有关客户拜访的准备和执行、首次见面适合沟通的话题、客户沟通技巧等内容，读者可参考其他资料，请恕本书不再赘述。

以上，我们阐述了直接获客的"打法"。在企业对某个市场不熟悉或需要借助第三方力量完成更大的市场覆盖时，可考虑间接获客。

在间接获客的方式下，销售部门也可以考虑采用代理商、居间商或与上级供应商合作的模式，依靠伙伴的力量获取更多销售线索。比如，通过总包商获得工程项目的一部分，向系统集成商提供其部分所需功能，向产品创新研发企业提供数据和市场分析服务，或向园区提供商业服务等。企业需要优先选择更具商业活力和资源的伙伴，这些伙伴可能将企业带往"水草丰盈"之地。依据生态伙伴带来的有形或无形收益，企业可评定生态伙伴的效能，逐步迭代伙伴清单。需要说明的是，依靠更大的企业获得相对稳定的线索时，往往需要牺牲部分利润来换取确定性。无论是否依靠大型企业，企业都需要创建和坚守自己的核心竞争力，只有这样才能在"生态圈"中具有"被需要"这一生存前提。

3.2.3 客户需求激活

"与其告诉客户怎样造船,不如激发他出海的愿景。"我的一位朋友这样描述他拜访客户的场景。

客户自身和外部环境的特征、变化会使得客户的现状与期望状态产生差距。这些差距或者是令人不适的痛点,或者是有待解决的问题,它们都在推动着客户产生追求或回避的倾向。但是否真正付诸实施,还取决于消除这个差距的重要性、需要的程度、购买能力、触发条件和过往认知。其中,"需要的程度"是指有就行还是多多益善;"过往认知"帮助客户评估需求被满足的可能性和需要付出的代价。当客户判断需求不太可能被满足或代价太大的时候,则有可能会放弃行动,尽管这个判断可能来自不完整或失真的"过往认知"——客户可能不了解候选的解决方案或供应商报价。

对于那些在客户规划中被识别出来的潜在销售机会,有时客户可能尚未意识到该需求及其重要性、需要的程度,或是不知道这些问题需要投入多大代价才能被解决,这就需要销售团队来整体或局部激活客户需求。

激活客户需求需要销售团队发挥领导力。在建立信任关系的前提下,销售团队需要与客户共同研判未来图景,揭示现状到未来的差距、重要性和需要的程度,告知客户可能的解决方案和所需投入,帮助客户建立"消除差距"的信念。

依据问题的可预测性和急迫程度,销售团队可进一步策划客户需求激活的方式和时机。

可预测性强、急迫程度高的需求往往更为"刚性",更容易被识别出来。如果企业的解决方案更多的是应对这类需求,那么无论有无客户规划,都需要加大日常客户沟通,表明如何帮助客户回归正轨或完成目标。满足这类需求的企业需要更多地借助品牌建设,便于客户一遇到需求就想起企业。通常，租用厂房、扩建产线、外委研发、原材料采购等需求可归于此类。销售原材料或零部件的企业尤其需要关注客户的"新产品"预立项或可行性研究，提早介入客户潜在采购机会，推动线索生成，同时判断可否形成有效线索。有关有效线索的判断标准，可参考3.3节中的相关内容。

对于可预测性强、急迫程度不高的需求，企业需要抓住客户"着急"的时刻，在问题即将发生前预警这类问题，并说明问题带来的严重影响。

对于不可预测、急迫程度高的需求，如危机公关、诉讼处理等，企业需要疏通"让问题消失或迅速解决"的可信赖通道，定期与客户沟通或通过视觉材料来提示客户"克服消极场景"的行动方法和协作流程。

不可预测、不急迫的问题往往优先级不高，甚至会被客户忽视。针对这类需求，企业需要采用别开生面的形式进行沟通和问题呈现，使得问题更具"冲击力"，如对比试验、显性化呈现问题的累积影响等。

需要说明的是，急迫或不急迫是通过问题的影响、机会窗口的长度、客户价值观等来判断的，可能同样的问题在不同客户眼中迫切程度有所差异。比如，在华为迈向国际化的时候，体系化管理缺失已经成为阻碍其拓展国际客户的问题，于是华为重金推进了流程和IT建设。然而对仍在创业期的中小客户而言，"人治"的效率甚至会高出体系建设带来的"法治"，此时流程和IT建设就没那么重要。

3.2.4 内容营销在政企销售中的应用

通过"企业找客户"的方法，有时卖方难以在客户需要的时候出现在客户面前，或者在对的时机刚好吸引客户的注意。勤奋的销售经理有时被视为"不请自来"。有时买方为了解决自身的痛点和问题，会大量搜索和参考相关的解决方案。对已经建立品牌影响力的企业而言，实现"客户找企业"更加容易，然而"酒香不怕巷子深"的时代已经过去，不论有无品牌，要想脱颖而出，内容营销的途径值得尝试。

利用内容营销推动C端引流已被证实有效，大型2B/2G企业也正在通过内容传播进行引流。无论是通过官网宣传还是线上直播，视频形式的产品、服务介绍已经司空见惯，"研究报告""白皮书"形式的内容也正在大行其道。最近几年，华为与埃森哲、安永等咨询公司不断联合发布各类解决方案的电子版白皮书，如《未来智慧园区白皮书》[1]《未来零售数字化白皮书》[2]。这些报告的作用相当于精简版的"项目建议书"，传达了未来的趋势研判、主要观点、方案架构和价值。华为公开发行的书籍，如《以奋斗者为本》《以客户为中心》《华为数字化转型之道》《华为数据之道》等，同样堪称经典。

企业可参照华为等公司，将本企业的产品概念、观点等公开发布出去，以专业内容促成内容流转，传播领先视角、独特观点、实力口碑的同时，收获客户、业内人士、公众对企业的"标杆"印象和认知，甚至起到解决方案沟通的作用。

3.3 线索的验证与派发

"不见兔子不撒鹰""不要恋战"是对线索在多大程度上值得跟进的形象描述。销售人员需要把有限的时间投入更值得跟进的线索中去，这就要求线索的有效性能够被评估。我们已经了解到客户需求的内核是痛点或

---

[1] 华为技术有限公司，埃森哲（中国）有限公司. 未来智慧园区白皮书[OL]. 华为. 2020-04. [2023-10-03].
[2] 华为，安永. 华为云零售数字化峰会成功举办[OL]. 中国连锁经营协会. 2022-07-27. [2023-10-03].

问题，是现在与未来的差距，除此之外，也要结合"人""值""采"维度进行判断（见图3-2）。

管理需求 （需）	影响决策 （人）	领导销售 （领）	构建双赢 （值）	支持采购 （采）
• 客户方具有明确的痛点或其现状与目标存在差距 • 有明确的时间窗（甚至较为急迫）	• 客户方有明确的推进责任人		• 已规划年度预算；或虽然没有预算，但可能找到资金来源 • 该需求符合我方战略和技术路线 • 该标的支持我方收益（有形、无形） • 客户自身不存在较大回款相关财务风险	• 客户会允许我方参与投标 • 我方在客户要求时间窗可提供相应的产品 • 我方具备或可获得相应的后续交付资源

图3-2 有效线索验证的维度

从"线索生成与收集"阶段开始，我会频繁提起"需""人""领""值""采"。正如前文所述，这五个维度关系销售阶段的高质量推进。高效的销售始于有效线索。在本阶段，我们需要通过管理需求、影响决策、构建双赢、支持采购四个维度来判断线索的有效程度。"领导销售"会用于评估后续销售活动的推进，在评估线索的有效性时可不强制要求。

从"管理需求"角度来看，一个有效的线索意味着客户具备明确的痛点，或其现状与目标存在差距；同时，客户具有明确的时间窗。

从"影响决策"来看，有效的线索要求客户方具有明确的责任人，该责任人需要有一定权限和自主性来计划、推进客户内部的业务及相关采购。

从"构建双赢"来看，通常需要客户在年初就设置待采购项目的预算，即便没有设置年度预算，也有较大可能确定其资金来源。同时，这个需求需要满足卖方的战略和技术路线，能够支持卖方实现有形和无形收益。此外，卖方需要确认客户不存在较大的回款风险。

从"支持采购"来看，卖方需要有机会被客户允许投标，并且可以在预期时间内满足客户采购及项目交付。

满足以上条件时，这个线索才被认为是有效线索。当线索的有效性相对较差时，企业可选择放弃对该线索的跟进，或降低该线索的跟进优先级。

在部分场景下，企业需要报备、认领或派发线索。多数企业的客户经理与客户或区域有着明确的对应关系。在这种情况下，当有效线索被收集到时，客户经理们按照所辖的客户或区域接管线索即可。也有较为复杂的情况。有些企业要求销售人员或合作伙伴报备线索，先报备者拥有该线索的跟进权力和相应业绩。有些企业会设置客户"公海"，即将还没有归属但有需求的潜在客户共享给销售人员，之后由销售人员根据自身的工作饱和程度、人脉关系等认领潜客、跟进线索。有些企业则根据销售经理的标签，如职级、区域、擅长领域、当前跟进单数等，按照一定规则直接为线索分配销售人员。当企业采取矩阵式管理模式时，如行业团队、区域团队或解决方案团队组成的矩阵，员工可按照矩阵的纵横主责、首问负责或适者多劳等原则确定线索的主责人员，允许其在业绩分成规则下跨部门协同工作。

3.4 阶段目标、行动、关键输出

在"线索生成与收集"阶段，销售部门需要尽可能多地生成和收集高质量的销售线索。这对销售目标的源头控制起着重要作用。

根据目标签约额度、平均每单签约额、线索转化率、销售复杂程度、员工销售能力等，企业需要逐步优化每个销售经理同期管理的目标线索数量及所需销售人员数量。在项目型销售模式下，销售部门需要获取更多的有效销售线索，结合资源及能力择优培育；在项目+订单型销售模式下，销售部门需要反复核对"已量产""研发中""潜力项目"的累计订单预测与销售目标的偏差，适当调整和补充"潜力项目"。

营销部门、销售部门、技术部门、企业高层应协同从多个层面推进线索生成。

对于单个销售线索，销售人员应就客户的需求进行初步沟通、分析和收集，潜在客户的基础信息、联系人信息、客户拜访记录、线索的基础信息应被妥善记录下来，销售人员或销售管理人员应对线索的有效性进行评估。

3.5 本阶段的关键角色及职责

正如上文所述，生成和收集线索是组织行为，需要企业市场职能人员、高层人员、技术人员、销售人员协同推进。对特定客户而言，销售人员负责推进线索生成和收集。

如果涉及线索报备、认领或派发，企业也可引入相应的管理角色。对此，不同企业会有差异，可参考的角色如销售PMO、销售管理人员、线索管理人员等。这些角色也可参与线索有效性的评估和判断。在客户数量极少的行业或项目+订单型销售模式下，由于销售机会过于难得，可替换的线索数量不多，因此由销售总监来评估和确定线索的有效性并视销售预测与目标的差距来推动候补线索的获取。

3.6 思考总结

- 线索是什么？满足什么条件后，销售线索就能转为商机？
- 线索生成与收集阶段的工作目标是什么？
- 如何获取客户？
- 生成和收集线索的方法有哪些？
- 如何判断线索是否有效？
- 线索生成阶段的关键输出包括哪些？
- 线索生成阶段通常涉及哪些人或角色？他们如何分工？

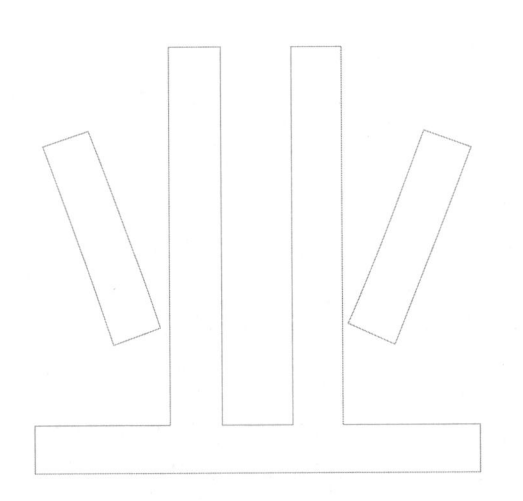

第4章

线索培育：挖掘需求，拿到入场券

4.1 从"需要"到"需求规格"

我的一位朋友在一个著名汽车配件厂负责销售业务,除管理销售部门外,他还需要把具有领先技术的车灯推荐给主机厂(汽车厂商)。在联系到目标厂商的领导之前,他对客户展开了基本了解,也获知了客户竞争对手的情报。与竞争对手相比,他们的产品在价格上没有竞争力。因此,要想切入这个客户,从现有供应商手中抢占一定份额,就需要找到其他能够令自己脱颖而出的方法。

经过一番准备,他在第一次正式拜访客户的过程中介绍了最新的车灯技术趋势和己方产品的优势。在交流中,我的朋友很快察觉到客户的工程团队总监对于车灯技术有着极致的追求,尤其在一些技术细节上更是一切以数据说话。于是在初次拜访结束后,我的朋友迅速组织团队分析了当下最大竞争对手的技术状态,并找到了可以让自己脱颖而出的方法——"来一次愉快的竞赛吧!用数据说话!"

在接下来的一周,我的朋友和客户通过各种方式的交流慢慢热络起来。一天晚上,我的朋友邀请客户出来"试驾",体验新车灯。车辆试驾为他们提供了近距离接触的空间,一路上他们的话题涉及的不仅仅是工作,还有生活的方方面面。在驾驶过程中,轻松氛围下的非正式沟通把他们带入了更坦诚的对话中。伴随着在路上开车、转向,我的朋友对车灯进行了演示,介绍了车灯的参数,以及车灯与其他车灯的优劣势对比。

试驾后的第二天,这位客户正式召集团队,把我的朋友公司的车灯同竞争对手的车灯进行了对比测试。测试结果是,我的朋友的公司成功入围。

在这个案例中,客户从不了解我的朋友到建立基础信任,再到对他们公司的产品产生兴趣、投入精力完成测评，在几轮互动间完成了一系列转变。这个转变是怎样发生的？我们能否复制这个转变？要回答这个问题，我们需要再次回顾需求的形成过程。

在2.3节中，我们介绍了需求的起源和形成；在3.2节中，我们阐述了客户需求激活。在本章，我们会介绍如何将以痛点或问题为内核的"渴望"逐步挖掘、塑造形成规格化的"需求"（见图4-1）。

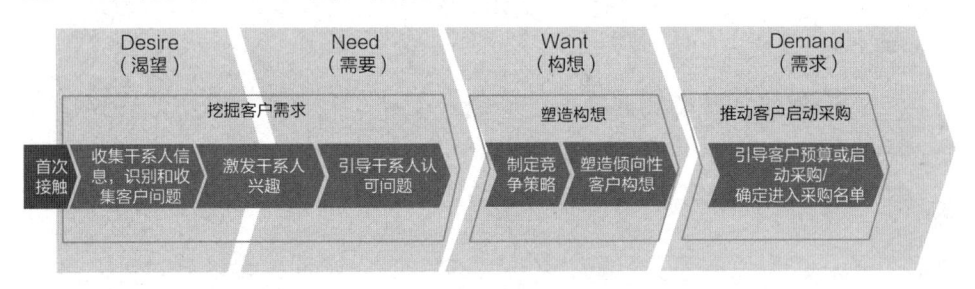

Desire（渴望）	Need（需要）	Want（构想）	Demand（需求）
挖掘客户需求		塑造构想	推动客户启动采购
首次接触 / 收集干系人信息，识别和收集客户问题 / 激发干系人兴趣 / 引导干系人认可问题		制定竞争策略 / 塑造倾向性客户构想	引导客户预算或启动采购 / 确定进入采购名单

图4-1 需求规格化过程

沿着渴望、需要、构想、需求这几个不同的需求层次，销售团队需要把客户的显性需求和潜在需求尽量完整地挖掘出来，引导客户塑造能够解决其痛点或问题的构想，形成需求规格，直到推动客户启动内部项目、释放预算或启动采购。

1）挖掘客户需求

当识别到客户的潜在销售机会后，销售团队需要尽量完整全面地挖掘客户的渴望和需要。

在"线索收集与生成"阶段，销售团队已经获得了潜在销售机会的联系人。与联系人取得联系并初步建立信任关系后，可进一步询问和收集与本机会相关的干系人。通过拜访这些干系人，销售团队可识别和收集更多客户正在面临的问题。需要说明的是，拜访客户之前务必做好充足的准备，对客户所处行业现状和趋势、客户项目相关领域的当前业绩表现、大事件、近期领导讲话等进行初步摸底。这些初步了解可以为销售人员与客户展开对话做更好的铺垫。但同时，销售人员也要尽量避免"假设"客户遇到的问题，因为先入为主的判断可能与客户的真正问题相差甚远。如果销售人员心中有某些假设或疑问，可以用开放的形式（问答题而非选择题，且不具有倾向性引导）提问，逐步聚焦问题，并完成问题确认。对于客户提出的痛点或问题，销售人员有必要了解这些问题带来的影响，因为没有影响的问题大概不值得花钱购买解决方案，有不良影响的问题才是真正的痛点。

客户的痛点和问题构成需要的内核，但这并不意味着客户必须花钱去解决这些问题。就像在2.3节中所述的，客户是否付诸行动，还需要结合问题的重要性和难受的程度来综合考量。销售人员需要对这两个维度施加影响，进一步激发干系人兴趣，推进需求的进一步挖掘和确认。可以参考的方法有"秀肌肉"和塑造急迫感。"秀肌肉"可以通过分享成功案例和先进技术来完成，就像上面汽车车灯的销售案例中，我的朋友在拜访客户后介绍了最新的技术趋势和产品特性。一方面，模仿或者说对标，是人类学习的自动行为模式，一旦一个有趣或被视为有价值的案例被呈现出来，不用外界催促，人们就会自发地启动学习；另一方面，客户方为了赢得市场、更好地服务自己的客户，也需要引入、应用新的技术，而其供应商在特定领域的专业创新与研发，在某种意义上会成为客户创新的源泉。对采购周期相对更久的零配件或原材料销售而言，"秀肌肉"尤为重要，除到客户现场展示、呈现外，还可将客户"请进来"，主动帮助客户验证己方能力和资质。"塑造急迫感"可以通过介绍行业趋势、客户竞争差距来推进，强化客户需要的程度，就像上面汽车车灯销售案例中对客户竞争对手最新技术应用的分析和介绍。此外，共同的愿景、共享价值观也会加强商业实体之间的认同，销售团队也要不遗余力地去呈现。对企业中的决策者和影响者，还需要对他们的职业和个人关切进行引导或回应，如他们关心的业绩、指标、个人职业生涯或其他收益。

在厘清客户问题时，销售人员需要从开放性问题开始与客户进行沟通，在挖掘到客户现状与未来期望状态之间的差距后，进一步与客户确认问题。鉴于有些人会提出问题的现象（如地上湿了），有些人会提出问题的本质（如水龙头漏水了），销售人员还要对问题或痛点进行根本性原因分析，还原问题的根源和"为什么"，并了解"不这样做会怎样"，以便能够揭示隐藏的潜在需求，与客户共同直面真实问题，将"解决问题"提上日程。

有些时候，销售也不总是顺利的，有些客户甚至不愿或说不出"地上湿了或水龙头漏水了"。这时，销售人员需要基于对客户各类信息的收集和洞察，实事求是地判断客户现状是否与其未来期望的状态有差距。有些时候，客户对未来期望的状态并没有那么明晰。这时，销售人员可以通过成功的客户故事塑造未来的图景，帮助客户看到更具前瞻性的未来状态。成功的客户故事通常会从与目标客户相似的背景开始，以尽显冲突的方式讲述其正在面临的问题或挑战，随后双方经历了艰苦卓绝的创新和尝试，最终实现了新的客户增长或收益。有些客户大概知晓未来图景，但不愿与销售人员多聊。职位差距、话不投机、信任感尚未建立等都可能引起这样的问题。"感情不够时间凑"，销售人员需要逐渐与客户建立信任，培养客户投入的意愿。

SPIN模型是个较为容易上手的销售工具，它最初由Neil Rackham于1988年在*SPIN Selling*[1]一书中提出。这个工具的萃取历时12年，通过对23个国家的上万名销售人员、3.5万个销售案例的调研而得出。其中，S代表背景，P代表问题或痛点，I代表问题带来的影响，N代表需要。SPIN模型不要求严格的话术，销售人员只要结合客户的社交风格和实际情况灵活使用

---

[1] Neil Rackham. SPIN Selling[M]. New York: McGraw-Hill, 1988.

即可。

为便于销售团队使用该工具，我们借助SPIN模型从开放性问题到确定性问题逐一给出提问示例（见图4-2）。实际使用时，可先就背景信息由开放性问题入手，逐步澄清直至确定，随后推进到问题、影响、需要。后面三个阶段同样要依次从开放性问题到确定性问题展开。了解客户的需求不能一蹴而就，可能需要几次对话才能完成。同样需要注意的是，这不是严格的话术，销售人员在应用这个工具时，还需要不断修炼商务沟通技巧。

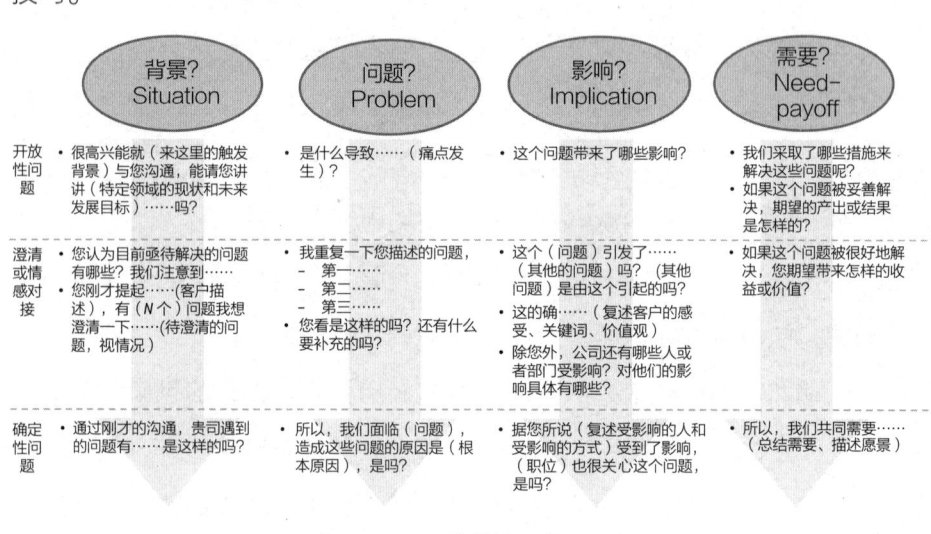

	背景？Situation	问题？Problem	影响？Implication	需要？Need-payoff
开放性问题	· 很高兴能就（来这里的触发背景）与您沟通，能请您讲讲（特定领域的现状和未来发展目标）……吗？	· 是什么导致……（痛点发生）？	· 这个问题带来了哪些影响？	· 我们采取了哪些措施来解决这些问题呢？ · 如果这个问题被妥善解决，期望的产出或结果是怎样的？
澄清或情感对接	· 您认为目前亟待解决的问题有哪些？我们注意到…… · 您刚才提起……（客户描述），有（N个）问题我想澄清一下……（待澄清的问题，视情况）	· 我重复一下您描述的问题， - 第一…… - 第二…… - 第三…… · 您看是这样的吗？还有什么要补充的吗？	· 这个（问题）引发了……（其他的问题）吗？（其他问题）是由这个引起的吗？ · 这的确……（复述客户的感受、关键词、价值观） · 除您外，公司还有哪些人或者部门受影响？对他们的影响具体有哪些？	· 如果这个问题被很好地解决，您期望带来怎样的收益或价值？
确定性问题	· 通过刚才的沟通，贵司遇到的问题有……是这样的吗？	· 所以，我们面临（问题），造成这些问题的原因是（根本原因），是吗？	· 据您所说（复述受影响的人和受影响的方式）受到了影响，（职位）也很关心这个问题，是吗？	· 所以，我们共同需要……（总结需要、描述愿景）

图4-2　SPIN销售技巧提问示例

诚然，有些提供解决方案的公司，正在销售相对标准化的产品或产品组合，有些政策驱动型机会或关系驱动型销售并不太依赖基于深度洞察的差异化解决方案，然而随着市场竞争的加剧，销售团队越需要具备精准洞察客户需求的能力。

2）塑造构想

在与客户确认痛点或问题后，销售团队需要主动策划构想，并通过这个构想将客户引向己方的解决方案。在客户构想中，销售团队需要帮助客户识别可能的解决方案，有时甚至需要附带多种备选方案。在可能有竞争对手介入的前提下，为了让这些构想具有竞争力，销售团队需要从一开始就进行面向竞争的策划。

面向竞争时，销售团队需要首先收集竞争对手的情报，分析己方优劣势并采取相应行动。优劣势是相对客户需求而言的，客户认为重要的且己方擅长的事项才可称为优势；反之，客户认为不重要的事项，卖方再擅长也帮助不大，除非己方改变客户认知，使其相信己方擅长的事项很重要。销售团队需要针对己方的优势设计差异化竞争策略，在与客户沟通的过程中，充分呈现和凸显有关竞争优势的信息。针对己方劣势，则需要想办法加以弥补，或找到"一招鲜"的突出优势，使得这个优势对客户的吸引力超出客户对己方公司的顾虑。当优势没有那么明显的时候，销售团队就要尝试改变客户的期望，通过引导客户调整不同需求的重要性排序，使得己方擅长的领域排序更加靠前。在与竞争对手旗鼓相当的情况下，如果无法凸显差异化优势（包含价格优势在内），"硬扛"则难以避免，"小玩家"大概率会被排挤出局。

在明确需要凸显哪些竞争优势，以及如何弥补或规避劣势之后，销售团队就可以结合己方的交付可能性，开始拟定构想，列出客户问题解决的可选方案，并确保竞争策略在方案中得以体现。构想策划的逻辑如图4-3所示。

通常，购买决策者或企业高层更关注价值实现。这些价值实现由不同维度的"使用结果"或"产出"支撑，购买决策影响者或企业中层对这个层面更为关注。客户产品或解决方案的关键用户或"技术/业务责任人"对产品或解决方案的特性更为关注。这些特性又分为功能特性和人格特性。其中，人格特性涉及产品的感官体验、产品交互甚至社交体验。

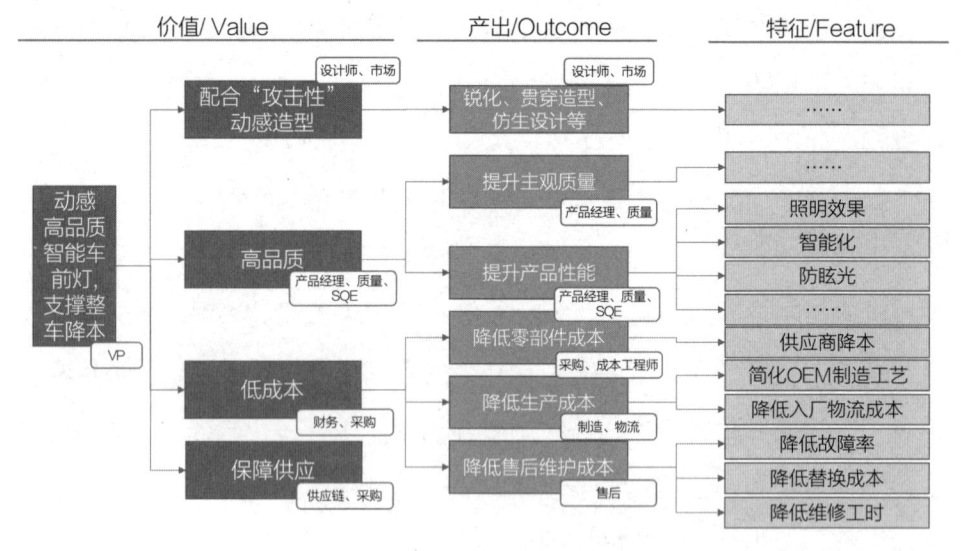

图4-3 构想策划的逻辑

即使不去严谨地呈现产品阶梯，这样的逻辑思维也值得秉承。销售团队需要厘清客户需求，将其解析成产品或解决方案的特征、产出和价值，并在构想的策划阶段对这三个层级给出策划，根据客户各层级关键干系人的关切有所侧重地呈现。值得注意的是，政企客户的购买决策通常由一系列客户角色构成，包括购买决策者、关键影响者、项目负责人、发起人、守门员（决定不用哪家供应商的人）、财务调配者、关键使用者、采购人员、乙方联络人等（详见4.2）。这些人员的需求都需要被尽量完整地进行收集和分析。

对于在项目周期内暂时不能满足的产品需求，销售团队应及时将新需求传达给产品研发团队做后续评估和跟进，同时调整客户期望，递延实施周期，或寻找替代方案。

3）推动客户启动采购

针对有效线索挖掘需求、厘清需求规格后，销售团队还要协同客户推动内部立项，或释放年度预算中已经规划的预算条目，抑或启动采购。有些企业会同步启动潜在供应商或"长名单"审批，销售团队则要确保进入

"长名单",拿到"入场券"。

尽管卖方将客户的需求分为从渴望到需求的四个阶段,但无法排除客户找到潜在供应商的时候,已经具有初步构想或需求已经规格化的场景。那些和卖方关系尚不够密切,或非战略型、基础型的客户更是如此。因此,卖方仍有必要理解和挖掘客户的真实痛点或差距,全面了解客户的需求,包括那些可能被客户无意中忽视、无法书面化的需求,并将这些需求引向有利于卖方的需求规格。

4.2 从责任人到决策链

线索被判断为有效的前提之一是,客户具有明确的、针对需求事项的推进责任人。在线索培育阶段,伴随着需求挖掘和需求规格的厘清,销售团队需要尽量全面地收集客户干系人信息(参考1.3.6),厘清决策链成员和他们之间的相互关系。

有关决策链,我曾在一次咨询现场展开过专题讨论。有些人强调对C-Level(总裁及各类首席长官)的争取,有些人则强调技术、质量负责人等同样重要——如果卖方无法获得他们的首肯,可能走不到最终的决策者面前。这次讨论把我们引向了政企客户的购买决策小组。它由多个角色构成,主要包括最高决策者、关键影响者、采购发起人、项目责任人、用户代表、付款者、预算调拨者、辅导员、采购人员。其中,最高决策者是最终的拍板人员。关键影响者影响卖方是否能够进入最终决策过程,或为最高决策者的决议提供参考输入。有时买方的决策影响者并不在买方的组织内部。采购发起人通常与采购事项背后的问题及其影响直接相关,是采购事项产出结果的直接受益方。项目责任人对采购事项的交付直接负责，会更关心解决方案的内容，以及交期、成本、质量。用户代表对使用结果、参数、体验更为关注。付款者指财务相关人员。预算调拨者指采购事项预算的责任部门，可能是财务控制的相关部门，也可能是某个业务部门。辅导员是一个舶来词汇，指的是能够及时向卖方通报采购计划、进展和竞争信息的人员。多数情况下，辅导员也是采购的推进人员。采购人员是采购事项的执行人员，在组织中相对中立，通常承担着买方内部采购过程"守门员"的角色，对企业合规引入供应商竞争、控制采购价格起着重要作用。

提早挖掘这些干系人的信息，并在整个采购过程中赢得他们的认可，这对销售过程的把控而言非常重要。在一个数字化转型项目的销售中，客户方采购人员为了公平起见，为每个潜在供应商都安排了同等次数的投标前沟通。然而其中一家供应商通过自己的人脉网络联系到了客户方一名关键影响者，并直接进行了一次充分的交流，这帮助其更有效地赢得了评标人员的认可，最终中标。

鉴于客户的采购决策通常由最高决策者、关键影响者、项目责任人做出，销售团队需要及时收集他们对构想的反馈，判断他们对己方和竞争对手的态度，视情况补齐短板，加强沟通。在某位重要的影响者或决策者对卖方不认同的情况下，卖方需要分析通过哪些人员或路径可以影响到他，从而借助支持者的态度促成客户内部决策。

4.3 从功能需求到全面需求

几年前，在一个数字化转型项目销售中，客户希望我帮助实现用于渠道销售和进销存管理的商业分析报表。经过内部收集，客户交给我100多张报表的需求。简单分析需求之后，我发现这些报表虽然看起来很多，但分析的数据对象有限，主要差异在于分析的维度和颗粒度，比如是按照产品线、渠道类别还是区域进行分析，或是按照年度、季度、月度还是周度进行分析。结合报表系统本身的功能特性，这些报表可以简化成20张左右，用户使用的时候只需要做适当的选项处理，即可在20张基础上调成多种样式。我尝试说服客户简化报表，但客户并不认同，并且要求我尊重来自业务部门的需求。在提示无果后，我执行了100多张报表的开发。在随后的维护中，客户发现经常被使用的报表只有20多张，为了提升系统的使用效率，客户另外启动了新的项目，要求我进行报表瘦身。我一度认为如果沟通顺畅，可能一开始就能避免这个报表的冗余建设。但经历过多个客户之后，我感觉即使事情重来，也很难避免先重复建设再进行瘦身的过程。因为除功能需求外，这个案例还涉及其他隐性需求。

企业通过帮助客户解决问题、帮助客户缩小现状与未来的差距来创造和获取价值。当企业聚焦问题解决时，难免忽略另外两种需求：情绪需求和心理需求。情绪需求是指基于个体认知或外界刺激所形成的生理和行为反应，侧重于主观体验。心理需求与个体的社会角色和长期形成的价值观相关。加之功能需求，企业需要关注客户的三种需求。不同购买角色的需求有所差异。下面，我将针对三类核心购买角色拆解这些需求的维度。这些解析出来的维度仅供读者作为思考的出发点而非具体的需求案例之用，在实际应用时也要结合客户环境适配使用或酌情增减。

决策者关注价值掌控。对他们而言,功能需求意味着推动战略事项的进展、行业声誉的维护、社交和供应资源网络的建设;情绪需求包括避免陈词滥调、寻求希望、进行自尊保护和要"面子";心理需求包括内行感或掌控感,以及货比多家。

使用者关注特定目标实现。使用者的功能需求主要是通过使用产品或服务实现特定目标;情绪需求包括顺畅便捷的产品使用体验、感官愉悦、美学愉悦、幽默有趣、情感体验;心理需求包括对新见闻的自发梳理和逻辑化,伴随自我认知发展而触发需求升级和化繁为简。

付款者关注物有所值,风险受控。这里的付款者泛指企业商务谈判和付款执行职能。他们的功能需求是物有所值甚至物超所值、有所馈赠;他们的情绪需求包括避免预算外或非自愿花销,减少欠款或贷款带来的压力,更愿意付费给自己认为重要的事项,避免被"割韭菜";他们的心理需求包括扩大所管理的预算范围和提高财务控制力度,避免过高的债务风险。

只有全面关注这些需求,销售团队才能更好地管理不同角色的购买倾向和购买决策。功能需求的满足是交付所需,情绪需求和心理需求的满足则助力客户关系更为牢固和长久。

4.4 客户期望的管理

在几年前的一个项目中,我负责某客户的SaaS自研云平台的开发。当时有两个候选的开发环境(此处指PaaS平台,为了简化阅读,可能描述不太准确，请数字化转型专业读者见谅）：一个技术先进但不成熟，需要等上一年左右才能应用；另一个技术领先有限，不太成熟但马上可以投入应用。客户的架构管理团队希望等一等技术更先进的平台，这样可以保证开发的SaaS相对持久，而应用开发团队希望以进度为重，选择当前可以用的开发平台。应用开发团队组织了多次会议来讨论这个问题，但均无果。之后有位领导提醒他们，不要就这个议题再开会了，因为只要开会，大家就不得不在这两个平台中权衡，先进的技术可能使公司错过期望的上线时间，但能保证平台长期使用，而不太先进的技术能保证预期上线时间，却可能导致平台在不久后被"技术淘汰"。面对"必有所失"的选择，没有人愿意承担背后的潜在损失，会议有议无决在所难免。随后，应用开发团队在几番权衡后果断选择了不成熟的技术，按照公司给定的时间完成了这个项目，也因为对业务的及时支撑得到了嘉奖。

在这个案例中，应用开发团队主动担当、决策，使得管理者不同期望之间的矛盾被默默地消解。

然而事情并不总是这样顺利。有些来自客户内部矛盾的需求需要卖方尽早推动干系人达成一致。比如下面这个案例。

在一个数字化转型项目中，客户总部的数字化部门在缺少整体规划的前提下，期望CRM系统开发团队把报价模块开发出来，而客户下辖事业部的一位领导则认为报价应该与研发平台整合在一起。客户总部的数字化部门为了完成既定任务，推动供应商在CRM系统中开发了报价模块，然而在上线之前，事业部的领导说服了总部数字化部门的领导，将报价模块放到了研发系统中。这样，由于报价模块布局的调整，开发完的模块未能上线，供应商团队和数字化团队都浪费了时间和人力成本。

当识别到客户内部产生了相互矛盾的需求时，应尽早协同客户进行讨论并寻求决策。卖方可对客户稍加引导，但要尽可能站在相对中立的位置上。一个可行的做法是，把两个矛盾的需求都视为合理期望，根据预期的项目价值产出，针对这组矛盾选项定义评估标准，比如优先满足市场时间窗口还是优先保障系统持久使用；标准清晰后，再对矛盾选项进行对比分析，综合评分较高的作为推荐方案。

除客户内部可能出现的矛盾需求外，客户的需求有时也会和卖方的交付能力或差异化卖点存在矛盾，比如需求过高而卖方达不到，或需求对竞争对手更为有利，抑或卖方认为重要的差异化卖点尚未引起客户关注。这时，卖方可尝试引导客户对需求的重要性进行再评估，以及对需求条目优先级做调整，对不利于卖方的需求则降低其优先级排序。比如，说明某个需求的用户数量不多、频次不高，并推导出实现这个需求的投入产出较低。卖方也可以尝试对需求程度进行影响，比如定义某个需求"有就行"还是"越多越好"。通过影响客户对需求重要性和需求程度的认知，使客户期望得以调整。

对与卖方现行能力相矛盾的需求，不总是需要降低客户期望。针对那些日后可以重复使用、可能存在较大市场的需求，卖方可以延长客户的期望或给出替代方案，同时把这个需求传递给后方研发团队进行进一步评估或跟进。

4.5 个人客户关系与商务关系

在我与销售团队的访谈和共创中，多位人员都提到客户关系的衡量。有些客户经理将客户关系的推进过程分为四个阶段。结合客户行为学的研究，我将这四个阶段总结为认识、认同、认知和激发。

在"认识"阶段，销售人员需要让客户记住自己。我见过许多令人印象深刻的"初次见面"，比如讲一段有关自己、企业品牌或过往客户案例中的感人故事，或代入联想并做出解释，让人容易想起。这样的联想比比皆是，如"送礼就送脑白金""累了困了喝红牛"。在有些竞争激烈的场景下，让客户记住的方法越简单越好。谈到这里，我又不由得想起3.2节中提到的马克竞选学生会的小故事。故事中，一个小团队在我被拉票信息灌输得眼花缭乱时，穿过操场跑到我跟前，为首的男生对我说："你别的都不用管，只要记住我叫马克！"——这个宣传语简直是"乱花渐欲迷人眼"的一缕清风，让我在投票地点循着"马克"这个唯一有印象的线索毫无悬念地完成了投票。

在"认同"阶段，销售团队需要同客户建立好感并打造客户认同。建立好感的重点在于匹配、回放、触发客户的积极情绪和联想。销售团队可以从多个方面进行匹配，比如客户的着装、会议秩序、语音语调，或者引用符合客户风格的有形展示。回放则可通过重复客户的战略愿景、使命、价值观、需求要点或重要讲话来实现。关于触发客户的积极情绪和联想，或者说打造有温度的沟通，客户对这个事项疑问最多。讲好客户故事是可以借助的方法之一。故事力量的强大，从宗教传播中可见一斑。"从不同的角度研究同样的问题，神经科学家、认知心理学家甚至进化生物学家都在逐渐形成一个关于大脑的共同理论：大脑通过发展故事来过滤和理解人们每天接触的大量信息。大脑以疯狂的速度工作，召唤记忆（过去的故事），帮助筛选和组织进入大脑的混乱信息，形成叙事碎片。只有其中一小部分被选中在前额叶皮层进行高级处理。这一部分构成了人们所称的意识思维的运行符号及意象的剧场。"[1] 换言之，"叙事"是大脑组织混乱信息、形成长期记忆的方法，意识思维本质上是个"叙事生成器"。带有情

---

[1] Edward O. Wilson. The Power of Story[OL]. American Educator. 2002-Spring. [2024-02-05]

感体验、与人相关、携带有用信息的故事更容易被记住。一个成功的客户故事通常包括背景、挑战、卖方是怎样帮助客户解决问题的、解决问题后的产出和成果、与众不同的亮点等。在从挑战到问题解决的过程中，讲故事的人需要带领听众完成从冲突到冲突解决的体验。在这个体验转换的过程中，主人公（客户故事中的案主）面临的压力和冲突引起人体中皮质醇的产生，带来额外的能量和兴奋，冲突解决带来的释然和心情开朗则激发"催产素"，舒缓压力，促发同理心。此外，还可通过与客户展开近距离的、非正式的互动交流，挖掘双方的共同兴趣和话题，积极认同客户的观点，建立心理层面的相互认同。认同与被认同相伴相生，客户更容易把认同他的人视为同路人。

在"认知"阶段，销售团队需要深度融入客户，并且支撑客户的自我认知。销售团队可以通过帮助客户持续了解产品和服务，与客户建立熟悉感，成为"熟悉的人"或交流"熟悉的产品"。熟悉的人和熟悉的产品，有助于客户在遇到需求的时候想起销售团队。要想真正进入客户的候选清单，卖方还要从客户角度出发来认同客户的愿景和当前状况，对客户的关切予以回应，支持客户的意图和愿景。这不仅有赖于销售团队的沟通技巧，还要依靠销售团队成员的业务精进，以及对客户情绪和心理需求的深入洞察。

"激发"阶段并不经常发生。在这个阶段，销售团队需要"激发客户对海洋的向往而非怎么造船"，找到买卖双方的"大理想"，用差异化的解决方案链接客户目标，激发客户与卖方共同超越现状。在华为与北汽新能源联合造车的项目正式立项前，双方团队对"创造世界一流汽车""重新定义汽车"进行了讨论和确定，也正是"你单独做做不到，我单独做也做不到，我们两个一起才有可能做到"的共识推动了双方的合作。这要求销售团队拥有"升维"思考的能力，能够从战略、商业结果和社会责任层面引领客户。

以上四个阶段是连续的过程,并非泾渭分明。我暂且将其量化为四个阶段,也有团队将其划分为五个阶段。无论把连续的过程分为几个阶段,都不影响客户态度和行为转变的本质。对全新客户而言,认识、认同、认知、激发四个阶段也刚好呼应了3.2节中客户获取的进展过程,只是客户获取的过程更倾向于跨部门协同带来的整体客户态度转变,而个人关系适用于销售团队中的个人与客户关系的进展。

个人客户关系的各阶段在真实发生。然而,有些客户进一步提出疑问:销售人员与客户各角色之间从"公事公办"到"无话不说",是否代表商业关系?是不是说能约出来吃饭,就意味着能得到生意?

这个问题很难用"是"或"否"来回答,除非进一步厘清个人客户关系和商务关系。认识、认同、认知、激发属于个人客户关系。商务关系要回到需求场景和竞争态势中来衡量、评估和持续强化。

商务关系从强到弱可用排他性支持、支持、中立、不支持、不确定来衡量。销售团队可以将客户方的决策者、决策影响者、联络人/客户教练等角色进行逐一分析,分别判断其对卖方和竞争对手的支持程度,给出排他性支持、支持、中立、不支持、不确定的评估等级。有时客户看起来对卖方很友好,实则对所有潜在供应商一样友好,在这样的关系下,卖方很难有可掌控的优势。

商务关系是组织关系、竞争关系和决策影响者关系综合作用的结果,信任和投入意愿是关系的内核。直接影响投入意愿的有合作终止成本、潜在收益、共享价值观三个要素;直接影响信任的有共享价值观、过往沟通、避免机会主义三个要素。

在全新的客户关系中,除非不合作带来很大不便,否则客户经理需要首先完成个人客户关系的建立。随着个人客户关系的推进,商务关系才能从"不确定"发展到其他程度，进而推动商务关系内核的形成。个人客户关系不一定在员工进入卖方组织之后建立。比如，企业可考虑通过竞争对手、客户离职员工或协会等来源招聘与客户熟识的人员，借助他们已经形成的个人客户关系来发展商务关系。为了保险起见，企业也需要对可能的利益冲突（如竞业禁止、脱密协议、亲属供职情况等）进行检查和评估。

在抢夺竞争对手的已有客户时，该类客户可能会受到切换成本的影响，如客户更换供应商带来的社交损失、前期投入浪费、交付风险引入等。企业在抢夺市场时，可以采用小金额、低风险（客户认为风险低）、联合创新等方式先进入客户，再松动切换成本，然后夯实商务关系。

如果商务关系已经通过包含多位成员的一组团队来建立并且较为稳定，那么在更换客户经理时企业受到的影响会相对较小，新客户经理则需要重新建立个人客户关系。

当客户更换购买决策者和关键影响者时，商务关系则需要被重新评估甚至重新建立。我在不同的企业中多次看到由于疏忽了决策者和关键影响者更新而带来的负面影响，所以由衷地建议涉及政企营销的企业将客户决策者和关键影响者的关系维护纳入重要日常活动之中。

个人客户关系的建立和维护是对销售人员的基本要求，商务关系在销售管理过程中则更为实用。

商务关系不同于组织关系，对于组织关系的维护，我们将在第11章交流。

4.6 制定竞争策略

企业面临的竞争有多激烈，制定竞争策略就有多重要。下面我们来聊一聊竞争策略的制定过程（见图4-4）。

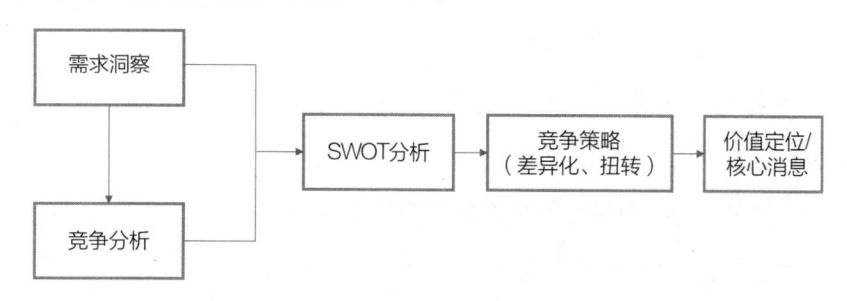

```
需求洞察 ──┐
           ├──> SWOT分析 ──> 竞争策略         ──> 价值定位/
竞争分析 ──┘                 （差异化、扭转）      核心消息
```

图4-4 竞争策略的制定过程

基于4.3节的内容，企业需要充分理解客户需求。针对客户认为重要的需求，销售团队需要对主要的竞争对手和己方公司逐一分析优劣势。分析的维度可以考虑研发创新、商务关系及合作历史、生产交付、品质保障、成本控制等。企业可根据行业的特性来总结和约定己方用来执行竞争优劣势分析的维度，无论它们是哪些维度，都必须与客户重视的需求密切相关。经过对己方和竞争对手的优劣势比对，销售团队可以生成针对特定线索的SWOT分析。SWOT的格式和使用要点可参考2.4节中的相关内容。

经过SWOT分析后，销售团队需要从"发扬优势，拥抱机会（S-O）""发扬优势，回避威胁（S-T）""扭转劣势，抓住机会（W-O）""扭转劣势，应对/回避威胁（W-T）"几个维度思考可能的竞争策略。这些可能的竞争策略可进一步规划为差异化策略和扭转策略。通过策略的收敛，销售团队要明确怎样和客户沟通，强调己方能为客户带来的有利价值和核心消息，并形成沟通计划。

我们经常听到的竞争包括价格竞争和差异化竞争。事实上，如果卖方的产品或解决方案有可持续销售的特性，则要从卖方可获得的客户全生命周期收益和客户购买与使用产品或解决方案的总成本两方面，结合企业战略、竞争态势、客户关系、企业资源及能力等要素综合分析竞争策略。可以考虑的策略包括先发引领、标杆推广、硬扛、引导期望、价格竞争、极致专注、协同改进、差异化、配额竞争和部分进入。

（1）先发引领：如果客户存在痛点，或现状与未来战略、目标存在差距，但大部分的需求还处于潜在的未经揭示和规格化状态，且行业或地域范围内没有产品或解决方案先例，而解决客户问题的方法可能存在多个，则企业需要建议构想并把客户引向有利于己方的解决方案，调动客户协同，推动和客户的联合创新。发挥先发优势，引领方案且明确方案的价值，制定相关评估标准，树立有别于他人的标杆，不仅能增加当前机会的胜算，也有利于后续行业影响力的建立。在这个场景下，创新方案落地、树立可推广的行业标杆和标准是策略的关键。

（2）标杆推广：在已经建立先发优势的解决方案下或产品领域，企业需要借助先发优势的持续影响力迅速、高压强地推广标杆方案，强调权威标准、独特价值、确定性，并借助一定的商务或金融方案推动标杆方案或产品迅速推广。

（3）硬扛：企业具有显著优势时，可采取硬扛策略，在客户重视的关键维度中凭借实力压制竞争对手。

（4）引导期望：在竞争优势不够显著，但在某一方面具有独特优势的场景下，可以尝试引导和管理客户期望。多年前，中国联通为拓展市场而展示的一个实验值得一探。当时中国移动的GSM业务（全球移动通信，属于2G通信业务）以信号覆盖、信号质量为先，倡导"随时、随地掌握制胜先机"；联通的CDMA业务（码分多址通信，2G通信业务升级后达

2.5G）作为后起之秀则首先采用了大覆盖、小密度的推广策略，信号难以和公开市场的先行者——中国移动媲美。但那时，联通展示了一个实验。通过这个实验，人们看到移动的GSM手机在拨打电话时会对固定电话产生信号干扰，使固定电话产生"刺啦刺啦"的声音，而联通的CDMA手机对固定电话的影响却比较小。看到这个实验的人们不禁担心，是不是移动的GSM手机比联通的CDMA手机辐射更大？CDMA似乎更令人安心。于是之前在以信号覆盖和信号质量论排名的购买评估过程中，加入了对"健康风险规避"的考量。事实上，电器的辐射主要和功率、频率、工作时间、距离等因素相关，上述现象并非来自GSM和CDMA的功率差异，而是因为GSM手机发射的脉冲信号更容易带来电器耦合，CDMA的信号则是"数码流"的形式，不易产生电器耦合。尽管这个实验背后的原理后来被大家逐渐知晓，同时随着3G的到来，竞争双方的技术也再次经历了长足演进，然而当时这个实验以生动的演示促使部分客户在购买评估过程中引入了"健康风险规避"要素，调整了购买期望。在这个转化中，随着"健康风险规避"被加入购买评估要素，信号覆盖和信号质量的重要性被稀释。而新要素的重要程度并非多多益善——与其说是避免辐射，不如说是避免对不必要的辐射风险的担心。通过影响客户认知，进而影响评估购买标准的重要性和重要程度，客户的期望得以引导。

（5）价格竞争：价格竞争是人们耳熟能详的竞争方式。这不是一个万能秘方，企业要对其小心使用以免陷入价格战，避免带领员工无休止地卷下去。通常，满意的老客户价格容忍度更高，新客户对价格控制有较高的期待。而人们的选择在实际场景中会更为复杂。企业在推广创新型业务（而非探索型业务）的时候，通常需要快速占领市场，低价看上去像合理的策略；然而在新技术经历市场导入、刚刚进入发展期，竞争对手尚未大规模上市跟进时，也恰恰是市场对价格容忍度较高的时期。所以，企业要对自身的现状和市场发展趋势有充分的预判，根据战略目标、市场地位、己方优势、产品或解决方案的可替代性、未来技术发展及价格走向、客户关系、客户生命周期收益、客户总成本等综合评估价格策略，或结合金融手段创新性地拟定价格方案。

（6）极致专注：当企业在若干评估维度中不占优势，而唯独在客户最重视（或经过引导后最为重视）的需求条目中独占鳌头时，企业可将这个方案特性打造为极致最优。这种一招鲜的打法通常结合有吸引力的价格和协同改进一同使用。这也是小企业以小博大的常用方法。

（7）协同改进：我访谈一家企业的采购部门时，问及供应商如何脱颖而出。采购人员提出了若干评估维度，如研发能力、交付能力、质量体系、供应保障、成本管理等，随后还特别提出及时响应和持续改进，说"不怕现在差，只怕不能发展"。采购部门在布局中，对大、中、小三级供应商可能有着不同的使用意图。规模不占优势的卖方可以通过及时、主动地帮助客户推动下一步改进，加强客户内部关系网络的建设，提升客户的"终止成本"。

（8）差异化：生态共存的前提是"差异化"，如果解决方案或产品同质性较强，那么小企业很容易被大企业挤掉。当然，这也并非大企业故步自封的理由。企业需要在整体解决方案中凸显与客户未来愿景相关的产品或解决方案的差异化，甚至是交付服务的差异化，用自己的独特优势和价值定位来压制竞争对手的劣势。

（9）配额竞争：在移动通信的早期市场，华为屡屡低价中标，对单个项目而言，当期合同不一定盈利，然而它考虑的是后期升级和运维机会，这种持续的收益将带来客户整体贡献的提升。以基础产品低价进驻客户，促使客户日后的产品升级、扩容、零部件更换、耗材补足都会在同一家供应商采购，相当于锁定了客户的采购配额，因此称为配额竞争。配额竞争发生在客户只会采购并持续使用一家供应商产品的情况下。有时卖方会对此产生误判，误以为客户用了自己低价甚至免费"铺设"的基础设施，就一定不会再接受或采购其他供应商的产品。这个假设对以低价获得"进入权"的决策非常重要。只有在进入后能够获得客户准排他的、不可替代的持续使用时，才能获得长期有效的客户采购配额。可采用配额竞争的产品包含通信网络、ERP软件、商用打印机、医疗设备等。

（10）部分进入：当产品或服务部分符合客户需求而无法满足客户全部需求时，可选择"部分进入"。

制定竞争策略后，销售团队需要重新厘清己方有别于竞争对手、对客户而言最重要的价值，或者说正在推进的招采项目能为客户的企业和职业带来怎样的增值。销售团队需要把这个价值定位作为核心消息，让每次沟通都紧扣价值，并给出有力的方案支撑。

4.7 拿到入场券

线索培育的目标是拿到入场券。

对于项目型销售模式，尤其是面向非研发流程的销售而言，销售团队需要帮助客户推进立项或完成预算的释放，比如帮助客户提供用于立项的材料及项目财务测算，或帮助客户找到相关资金来源或贷款。一旦客户完成立项或释放了项目的年度预算，这个线索就正式转为商机。

对于项目+订单型销售模式，销售活动往往针对客户的研发流程。随着客户研发项目的推进，销售人员需要确定拿到入场券的信号，如客户即将邀请企业投标的提示、客户请企业以小的项目尝试对接客户体系的邀请、保密协议签署、其他客户口头确认等。至此,销售的流程将从线索阶段转为商机。

4.8 阶段目标、行动、关键输出、检点

在"线索培育"阶段,销售团队至少需要与部分决策者和关键影响者建立连接并打造其认知,明确需求,拿到入场券。销售的早期介入和需求规格的主动引导对赢得竞争起到"先入为主"的作用。

在项目型销售模式下,销售团队需要对经过评估选优的线索(参考3.3)进行需求的进一步激活和挖掘,直到大部分痛点或目标差距被显性化为需求规格,且客户内部决策人员和关键影响者达成推进相关事项的采购决议,或同意释放相关预算。在这个过程中,除需求挖掘外,销售团队还可以帮助客户推进立项材料撰写、资金落实等工作。

在项目+订单型销售模式下,通常大部分需求已经随着客户方的产品定义被较为清晰地描述。然而,由于客户和供应商的工作焦点不同,供应商可能在其提供的零部件或原材料领域更加专业化。此时,供应商给出的专业的实验结果、对标建议、前瞻研判可能会带给客户新的启发。在客户更换供应商或引入新供应商时,销售团队也需要尽可能地了解其背后的原因或痛点,以便更加有针对性地回应客户,给出初步构想。在这个模式下,销售团队的工作需要以需求挖掘、响应、尽早影响客户态度为主;项目立项的工作主要由客户推进。销售团队可以通过一些信号来判断是否拿到"入场券",如客户书面给出允许己方参与投标相关的准备提醒、体系适配(Pre-RFQ)邀请、进一步评审认证通过等。

在线索培育阶段，团队需要挖掘记录并输出客户痛点、客户需求、决策链及其成员的关系状态、竞争策略，以及有关"入场券"的关键沟通记录。

从本阶段开始，我们引入"需""人""领""值""采"五个维度的检点（见图4-5）。

管理需求（需）
- 挖掘客户痛点、厘清相关背景
- 分析客户需求，识别重要需求
- 展示己方能力和相关案例

影响决策（人）
- 识别内部联络人并建立连接
- 进入关键决策人网络

领导销售（领）
- 引导客户学习领先技术或方法，或提供其他帮助

构建双赢（值）
- 开发能够为客户创造价值的构想或方案
- 了解客户信誉、资金情况、回款风险

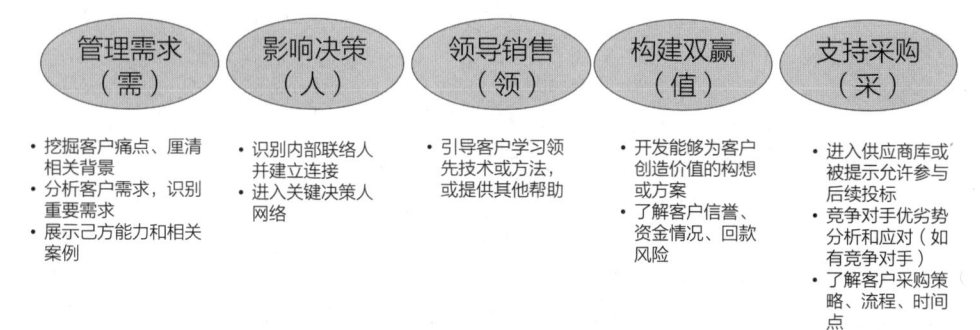

支持采购（采）
- 进入供应商库或被提示允许参与后续投标
- 竞争对手优劣势分析和应对（如有竞争对手）
- 了解客户采购策略、流程、时间点

图4-5 线索阶段检点标准参考

从"需"（管理需求）的角度来看，销售团队本阶段的主要任务是完成客户痛点挖掘，并厘清与这些痛点有关的背景，分析客户需求，识别重要需求，展示己方能力和相关案例，以便进一步激活需求。

从"人"（影响决策）的角度来看，本阶段的主要任务是与内部联络人建立关系，识别和收集其他关键决策人和影响者的信息，并至少与其中部分人员建立连接。

从"领"（领导销售）的角度来看，本阶段需要引导客户学习领先技术或方法，或为客户提供其他帮助。

从"值"（构建双赢）的角度来看，本阶段需要开发出能够为客户创造价值的构想或初步方案，同时了解客户信誉、资金情况、回款风险等信息。

从"采"（支持采购）的角度来看，本阶段需要拿到入场券、收集采购信息、按需制定竞争策略。入场券以进入供应商库或获得投标允许、体系适配邀请、签订保密协议等事件为关键信号。销售团队还需要对客户的

采购策略、流程、关键时间点等完成信息收集。如果在当前线索的销售中遇到竞争对手，则本阶段还需要收集竞争对手的信息，完成竞争对手的优劣势分析，并据此制定竞争策略。

4.9 本阶段的关键角色及职责

线索培育阶段主要由销售人员来推动完成。鉴于当前专业化销售的趋势，销售人员应对产品或解决方案有充分的理解，具备基础需求挖掘、提供构想、构建解决方案的能力。如果企业的解决方案较为复杂，则可引入专业的售前团队，由售前团队完成客户需求挖掘，并针对客户需求拟定构想或初步方案，在销售团队的协同下完成技术层面的客户沟通。有关售前团队的资源排布，如是在一线还是在总部，可参考2.1节中的相关内容。

此处需要注意的是，本阶段需要尽量避免过早地介入后方研发团队，防止分散研发的"火力"，以便让研发人员聚焦于技术开发和优势产品的打造。有时销售团队能量过于强大，会通过各种途径调用研发人员，然而研发被牵制的结果是销售人员缺少好的产品可以卖，久而久之便会形成产品过于分散、模块化不足、交付前测试不充分、交付成本高企、研发人员被迫到一线救火的恶性循环。

4.10 思考总结

- 线索培育阶段的目标是什么？
- 需求大致分为几个层次？它们分别是什么？
- 什么是决策链？政企业务决策链中通常包含哪些角色？为什么要关注决策链？
- 需求的种类包括哪些？除功能需求外，还有哪些类别的需求？
- 如何管理客户的期望？
- 个人客户关系与商务关系的区别和关联有哪些？
- 如何制定竞争策略？
- 怎样推动和确认拿到入场券？
- 线索培育阶段的关键输出包括哪些？检点要点包括哪些？
- 线索培育阶段通常涉及哪些人或角色？他们如何分工？

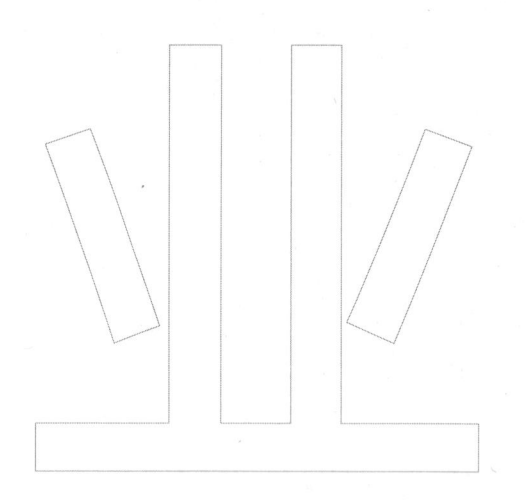

第 5 章

销售立项：像看待投资一样制定商机策略

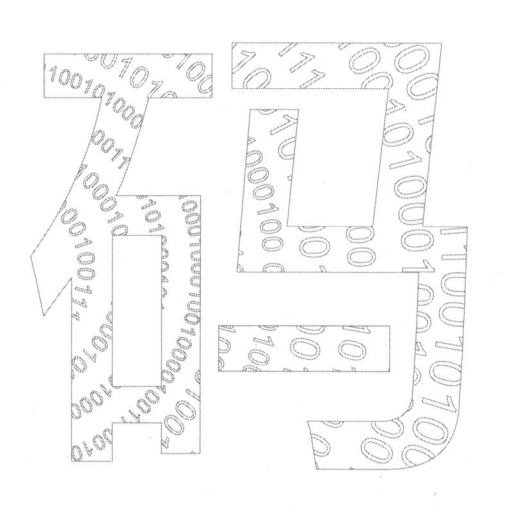

5.1 商机与线索的分水岭

一旦客户通过了内部立项或确定了预算金额及来源，邀请外部供应商合作某件事情，即便还没有确定潜在供应商名单，但对准备跟进且有机会跟进的供应商而言，线索就已经转为商机或机会了，有些企业也称之为机会点。此处的商机并非做一类业务的商业机会，仅代表一个单独的、可能发生的交易机会。

如果在获知客户的采购需求时，客户已经明晰了需求规格，并确认了预算金额和来源，那么销售团队无须执行线索管理流程，直接跳转到销售立项阶段即可。

有些企业会从客户、第三方招标网站或招标代理商处获得客户的招标信息，这些信息所对应的商机实质上已经在招投标阶段了。一方面，由于没有赶上线索培育或标前引导，企业可能错失客户"心理排序"的影响时机；另一方面，这些招标材料中的需求规格可能已被其他供应商干预。面对多种因素对控标的负面影响，尽管大多数情况下赢得此类商机需要依靠"抢单"性质的定价策略，但是企业仍有必要从销售立项阶段开始尽快完成"补课"。

在下一节，我们将进一步展开销售立项阶段的管理要点。

5.2 分级而治

在一个销售计算机安全保密解决方案的企业中，CEO直接领导下的销售部门兢兢业业地工作着。由于大家的努力，企业在这几年飞速壮大。所幸过往的文化并未被冲淡，原来的销售骨干成了业务总监，大家还保持着全力以赴的积极心态。在这样的环境下，销售人员每每发现一个新的线索，就不遗余力地跟进。然而，既懂技术又懂客户需求沟通和解决方案制定、交流的售前人员很快出现了资源瓶颈。尽管部分初级售前人员被安排到了一线，但部分调度资源能力强的销售人员带着不拘一格的视角，把总部的高级售前人员视作自己的资源池。他们不仅在某个特定项目上调度高级售前人员，还在职业特质的影响下很自然地与高级售前人员建立了长期、稳定的兄弟般的工作情谊。"会哭的孩子有奶吃"，八面玲珑的销售人员尤其善于调度和运作内外部资源，于是在各类大小项目中"忙得不可开交"成了售前人员的常态。然而当有个5000万元人民币的大单进入销售人员的视野之后，企业已经调度不到重量级的售前人员了。

在企业资源有限的前提下，如何确保销售人员、售前人员、交付人员乃至研发人员的合理调配，如何定义管理团队的关注焦点，避免大马拉小车、大车没马拉的情况，是本阶段需要解决的、最终影响销售费用和产出的一个重要问题。

此外，企业中会存在战略机会、高增长机会和一般机会。战略机会对应的是未来需要重点发展的战略业务，其方案、交付方法尚需打磨；高增长机会对应已经经过打磨、需要快速发展和有待建立行业壁垒的机会；一般机会指已经较为成熟的机会。这些机会所面临的不确定性和风险有所不同。如果企业采用统一的管理方法来管理，则可能造成对战略机会的风险控制不足，进而影响战略机会的拓展及未来发展，或对一般机会授权不足而导致管理低效、周转慢的问题。

对于大金额的销售机会，企业同样需要给予关注。此类机会无论是丢单，还是在可交付、可盈利、可回款方面出现问题，都可能导致当期或近期企业收益受到损失。

鉴于以上问题，销售立项阶段需要合理匹配资源、平衡销售效率与风险。对一个机会是否跟进及如何跟进，是针对时间成本、精力成本、财务成本投入的综合决策。

通常，企业的业务分布大体遵循二八原则，尽管这个比例没有那么精准。对战略性、大金额或高风险机会，需要配备重量级人才，将管理精力向其倾斜，关注质量和风险控制，兼顾物质和非物质收益。对非战略性、金额一般或较小的机会，需要尽量"让听得见炮声的人呼唤炮火"，由一线销售人员或经理直接推动，以此提高效率、加快周转。

在实操中，销售机会的等级划分通常基于二八原则略微调整。例如，可将机会划分为A、B、C三个类别，A类对应企业中战略重要性高、金额大、风险高的机会，大约占整体机会的10%~20%；在余下的80%~90%的业务中，高增长及中金额机会列为B类，余下的列为C类。A、B、C三类机会分别由总部、销售大区、销售经理全权管理，除非遇到需要升级处理的例外情况。对A类、B类机会配备重量级人才，流程执行和管控较为严谨；对C类机会配备主力资源，只做关键的高价值步骤，简化执行和管控。涉及国际业务的企业，可能会把机会分为四级，按照层级高低分别由公司总部、事业部/地区部、代表处、销售团队来完成相关销售决策。

销售机会分级可以考虑的维度通常包括客户等级、项目规模和收益、战略重要性、客户方产品规模和增长潜力（见表5-1）。其中，项目规模和收益主要用于项目型销售或项目+订单型销售；客户方产品规模和增长潜力主要用于订单型销售、项目+订单型销售。

表5-1 三种销售模式项目分级的考量维度

	项目型销售	订单型销售	项目+订单型销售
客户等级	是	是	是
项目规模和收益	是		可选
战略重要性	是	是	是
客户方产品规模和增长潜力		是	是

为了合理地进行销售机会分级，企业也可预先给出分级指导，由总部给出公司总部机会的定义，再由各事业部或区域根据自身情况完成C类机会定义。

商业管理类似相对论，其魅力在于有些事情放在这里是合适的，放在那里就不一定合适了。不同企业的业务分布可能会有所差异，企业可对自己的过往合同情况做进一步分析以决定是否分级及如何分级。有些企业规模不大、线索有限，或尽管规模较大，但客户屈指可数，销售周期也较长，在这种情况下，一旦失去机会，除导致缺少后备机会外，还可能影响客户口碑，为竞争者让出市场空间。如果企业身处类似环境，唯有狮象搏兔，皆用全力，而非分级而治。

5.3 商机的厘清

分级而治的前提是全面认识和分析商业机会。对无须分级而治的企业而言，认识和分析商业机会有利于后续的跟进和风险控制。通常，可大体从三个方面来分析商机，即战略重要性、收益规模和商机风险。一般从战略重要性、收益规模方面判断项目的重要性，从商机风险分析中判断赢得商机的可能性和需要规避的风险。

聚焦战略方向、确保战略落地对企业的可持续发展至关重要。首先，销售团队需要在企业的战略引领下判断该商业机会是否与企业的战略方向相符。遇到那些与企业战略方向不相符的商业机会，原则上，企业需要尽可能回避，坚守自己的战略方向，否则可能会因为赢得这个交易而牵制销售、技术和交付资源，损失主要业务的发展时间窗口、人员和组织能力的打磨机会，以及市场口碑的塑造机会。其次，在符合企业战略方向的前提下，销售团队需要进一步判断商机是否涉及战略产品、战略客户或战略区域。如果涉及战略产品，除参考分级而治外，还需要考虑用产品扩张的方法来调整资源分配及管理精力的侧重点。比如，对早期的解决方案，研发团队需要较深地介入产品优化和解决方案交付，交付团队则以验证方案的可交付性为主要任务；在小规模推行和产品优化阶段，研发团队负责产品优化，解决方案相关部门完成解决方案材料的制定，交付团队完成交付方法和工具的沉淀。如果涉及战略客户的突破，则需要适当给予资源倾斜和管理关注。如果涉及战略区域，则需要在兼顾产品和客户扩张的同时，关注对竞争对手的压制。

商机的收益规模与企业的当期或近期财务指标息息相关，稳健的收益能为组织的生存和发展奠定物质基础。卖方从客户预算金额、生产和交付成本几个方面来判断商机的收益规模。对战略机会而言，除物质收益外，还需要考虑非物质收益，如新业务成功拓展、行业标杆打造、压制竞争对手规模、后续客户合作机会等。

商机的风险通常从四个维度来衡量。首先，从客户及客户关系风险的角度来看。客户需求的急迫程度及其能够被卖方满足的程度、客户采购流程和基本规则、客户关系都会影响销售成功的可能性。客户信用则与能否及时回款有关。对项目+订单型销售模式而言，向客户提供零部件或原材料的企业还要判断客户的资源状态、内部能力是否可以支持其未来承诺的订单销量，以此决定是否跟进及如何定价。其次，从卖方产品或解决方案的成熟度来看，如果产品或解决方案不够成熟，那么企业可视时间窗口和竞争态势采取相应方式进行处理。比如，跟进的同时投入更多技术支持或售后人员，或缓冲需求、延迟跟进时间等。再次，需要分析竞争风险，包括但不限于识别竞争对手，判断竞争态势，分析竞争对手的优劣势，制定或刷新竞争策略。有些企业在获知客户可能倾向竞争对手时，会果断终止跟进，然而对战略性扩张或市场突破而言，企业需要聚焦破解之法，而非半途缴枪。最后，卖方需要对交易的可交付性和可验收性进行风险评估，一方面审视己方的交付能力，另一方面审视客户方相关责任人员能否依据可控的流程履行交付和验收责权。在政企业务中，责任人的换届、跨部门系统集成时的责任归属等问题频频影响着企业的项目推进和验收。风险分析不仅被用来决定是否跟进销售，更重要的是用来提前设计预后方案，尽量规避风险或减少风险带来的影响。在某些情况下，尤其是在遇到面向新客户的大规模复杂项目时，企业需要估算风险一旦发生所带来的物质或金钱损失，并将该部分金额纳入报价之中。

5.4 好钢用在刀刃上

在5.2节中，提及了机会分级和分级而治。这样做的目的之一是避免大马拉小车、大车没马拉的情况。在分析完商机之后，紧接着要确定机会的级别、决定是否跟进、为项目配备合理资源。

依据企业的分级策略，销售团队需要对每个销售机会进行分级判断，最低级别的机会可由一线直接推进，无须特殊的确认审批环节。高级别的机会需要由不同层级的销售决策者确认机会级别，决定跟进与否，任命合适的人选，对商机风险给予管理关注和资源支持。以上一系列活动，可称之为销售立项。经过确认的机会级别也自动成为销售项目的级别。

为了更精准地为销售项目匹配资源，销售、售前、交付人员的职级、岗级也需要被恰当划分。划分的依据包含但不限于工作所需的能力和在不同场景下（如是否涉及战略业务、战略客户、战略区域）的工作复杂性。企业在调度资源时，需要力求人岗匹配。这些细节属于人力资源范畴，暂且不在本书中展开，但它对于销售领域的效能和成本控制非常重要。

销售立项、人岗匹配看似科学，逻辑上也的确支持避免大马拉小车，然而另外一个问题是，小马真的会拉小车吗？我的一个客户在自学华为流程期间，完成了对一线的授权，组建了"铁三角"，由"铁三角"全权负责推进小项目销售。然而管理层很快发现，"铁三角"并不知道怎样协作，不知道怎样复盘跟进，不知道如何应对风险、确定报价。读者朋友可能会立刻联想到企业员工的能力——若非高薪企业，这家企业的员工应该体现了大部分企业雇员的能力。与多个企业的互动经验告诉我，在给员工赋能的前提下完成授权是较为稳妥的方法。也就是说，要想加大授权，先要对员工给予工作指导，并加以培训，或以训战方式推动员工能力提升，帮助其恰当地使用授权。

5.5 外部资源的引入

我的一位朋友曾为一家企业做辅导，帮助管理团队解决内部数字化转型方面的问题。有一天他正在客户现场与客户讨论问题，客户方的领导突然提出一个要求——由于这家企业在跟进一个销售机会时，方案迟迟没有得到买家认可，于是公司领导尝试性地请他在下午和这家企业一起去进行销售沟通。这位朋友很快赢得了买方的青睐，使得沟通顺利推进。后来买方为大家上茶，并问这位朋友是哪家公司的，这家企业领导大方地说出他是外聘的顾问，买方会意地说道："感觉和你们不是一个味道。"

随着生态商业的发展和自由人才的积累，越来越多的企业正在不拘一格地突破组织边界，将外部的优秀人才和专业团队"为我所用"。企业在为特定的商业机会组建销售团队时，可考虑物色外部资源加入团队，共同推进业务发展。

外部资源可以包括渠道商、自由顾问、拥有商务关系的个人、系统集成商等。如果销售主要由渠道商或集成商牵头完成，则企业可按需对他们给予授权认证。

5.6 阶段目标、行动、关键输出、检点

本阶段的目标是，根据商机分析，为销售项目分级进行人力资源分配、确定管理权限和提早识别与控制风险。

在本阶段，销售团队需要从战略重要性、收益规模、商机风险三个方面来分析商机，并根据分析结果确定商机的级别。单个或特定商机的级别需要经过相应级别授权人员的确定，并决定是否跟进该商机，明确商机的人员任命，支持项目的风险管控。

本阶段的典型输出包括商机信息和销售立项报告。除此之外，决策链及其成员的关系状态、竞争策略也需要被持续审视和改进。

在本阶段，仍可从"需""人""领""值""采"五个维度完成检点（见图5-1），尽管"领导销售"维度此时并不显著。

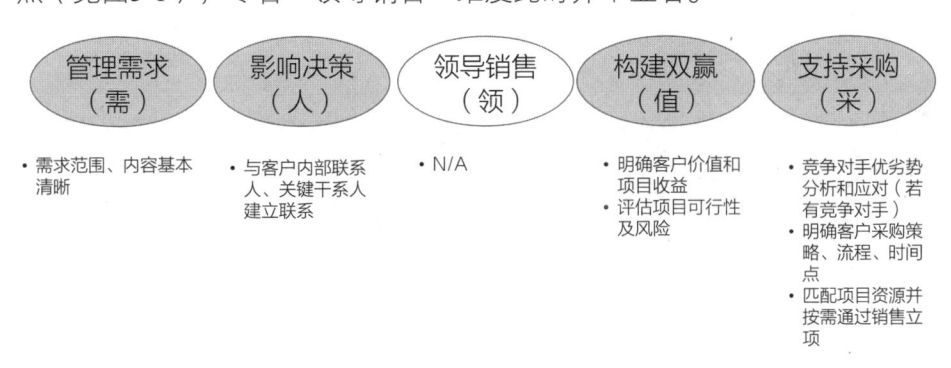

管理需求（需）	影响决策（人）	领导销售（领）	构建双赢（值）	支持采购（采）
• 需求范围、内容基本清晰	• 与客户内部联系人、关键干系人建立联系	• N/A	• 明确客户价值和项目收益 • 评估项目可行性及风险	• 竞争对手优劣势分析和应对（若有竞争对手） • 明确客户采购策略、流程、时间点 • 匹配项目资源并按需通过销售立项

图5-1　销售立项阶段检点标准参考

"需"（管理需求）：销售团队在本阶段需要厘清需求范围、内容，尽管这些内容可能随着客户明确招标材料而"逐步清晰"。

"人"（影响决策）：在销售立项阶段，无论之前该商机是否经过己方的线索培育，销售团队都应设法与客户内部联系人、关键干系人建立联系。

"值"（构建双赢）：销售团队需要明确项目对客户和关键客户干系人的价值，同时评估项目为己方带来的收益，并对项目的可行性和风险完成评估及分析。

"采"（支持采购）：无论之前有没有进行竞争策略分析，竞争态势都可能发生变化，销售团队在本阶段应按需进行竞争策略更新。此外，还需再次确认采购策略、流程、时间点，以便掌握最新的采购动态。为更好地支持采购，卖方还需要视情况对相关层级的项目完成内部立项，确定项目级别、资源、是否跟进，支持项目的风险管控。

5.7 本阶段的关键角色及职责

本阶段主要由销售人员或客户责任人协同销售管理人员推进完成。如果商机对应的早期线索由卖方自行培育，那么在立项前，除销售人员外，售前责任人可能已经介入。

销售人员或客户责任人负责推动内部销售立项，提名售前责任人和交付责任人，组建团队。

售前责任人需要对方案的可行性及可能的收益进行初步分析和判断。

对于大型或战略型项目，需要尽早提名交付责任人，由交付责任人判断项目的可交付性和可验收性。

项目级别较高时，相应的决策层级可能会任命更高级别的人力资源。

5.8 思考总结

- 销售立项环节的主要目标包括哪些？
- 如何合理匹配销售资源？
- 如何进行项目分级？
- 销售立项阶段的关键输出包括哪些？检点要点包括哪些？
- 销售立项阶段通常涉及哪些人或角色？他们如何分工？

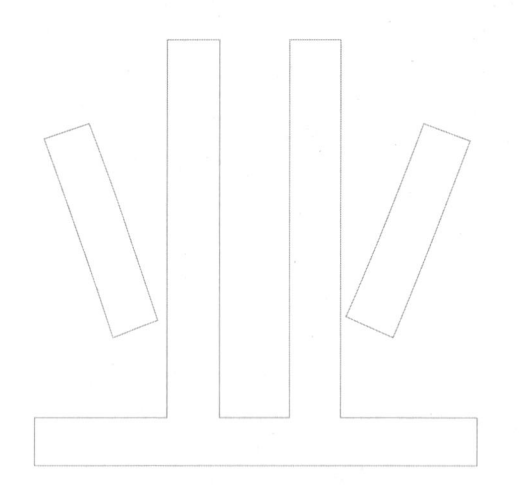

第 6 章

标前引导：把握最佳控标时机，打造客户早期心理排序

6.1 客户早期心理排序的形成

为了更好地构建销售流程，我多次受客户委托，访谈他们的最终客户，包括采购部门。其中有一个重要的问题就是，买方面向众多供应商的时候，供应商怎样脱颖而出。买方会提到在不同的期间，他们会看重不同的因素，如"供应商能不能很准确地理解我们的需求""交付能力""工程研发能力""质量管理体系""成本控制能力""供应商管理自己供应链的能力"，甚至是"供应商的资金链情况""碳排放情况"。尽管不同行业对不同采购事项所关注的要素有所差异，但买方心理排序的过程有类似之处。

买方在采购前，会多方询问供应商，探寻解决方案的多种可能性和预计成本。有些企业的采购部门还会要求添加供应商库之外的新供应商，以此为创新方案打开入口，同时促进供应商的竞争。由此，长名单基本形成。这个阶段对应卖方的线索管理阶段，包括"线索生成"及"线索培育"。

一旦买方通过了内部立项，或者释放了预算，就要开始着手准备启动采购流程、撰写招标材料和供应商评估标准、确定潜在供应商清单了。在大部分公开招标或邀标场景下，买方在确定启动采购流程之后、发放邀标材料之前的这段时间，会与潜在供应商进行几轮沟通，并确定后面需要邀请参与投标的候选供应商，这是一个决定性的心理排序过程，对应销售过程的"标前引导"。

有些买方会在这个阶段完成长名单到短名单的筛选，比如"10进5"；有些买方尽管不能完成形式上的短名单裁剪，但参与供应商初步沟通的人员，心里已经开始"掂量"供应商的实力或匹配程度了。通常，买方会通过前期方案或者与各对口专业（如工程、工厂、质量、物流）人员的沟通，判断供应商的技术方案能力、项目管理能力、质量保障能力、供应能力、创新能力、问题解决能力、成本管控能力、售后保障能力、价格的匹配性、供应商合作诚意等。

需要说明的是，即便在同一个行业，买方用于心理排序的评估维度也可能因企业的发展阶段或关键决策人员的背景而产生差异。我访谈过的一位买方这样提到："几年前，我们确定潜在供应商的时候，更在乎行业地位。那时公司小，老板又不懂专业，如果用便宜的供应商，一旦出了问题，所有人都指着我一个人解决问题。现在对我们来说不存在这个问题了，因为我们的团队已经成长起来，有能力给行业带来一些思考，这样就敢找不在头部的小供应商，质量、合规的问题不容讨论。除此之外，还要看大家能不能磨合好，一起把事情做好。"

关于能不能磨合好，另一位买方给出了更具体的解答。"比较能够打动我的是，初次沟通之后，要求供应商把疑问提出来，我们解答。面向一个新的项目，不可能没有疑问。如果提的问题比较多或者有针对性，说明重视我们。有些供应商从来不提问题，发来的方案和要做的偏差较大，或者没有针对性，这个就有点应付。我们看供应商真的想和我们合作时再详谈。另外，我们会要求提供供应商项目团队成员的简历，以此评估供应商的能力和供应商的重视程度。如果不提供简历或简历很简单，或者交流的时候说张三来，执行的时候是李四，这种对我这边来说就不是很合适。"

本阶段的心理排序对影响整个采购决策来说较为关键。一位采购负责人说道："发招标材料之前，我们对供应商已经有初步感受了，大部分情况下，后面的合作机会会落到在大家心里排前两名的供应商里面。其他供应商在后面招标报价的阶段还有机会，但那个阶段带来的影响也就占三分之一。"

在公开招标场景下，有时会出现半路跟进的供应商，尽管公开招标的材料已经发放，半路跟进的供应商还是要尝试各种办法来补齐"标前引导"的过程。

6.2 乙方表现与客户认知

招标过程的逐步推进，从长名单到短名单，从短名单到发出中标通知，就好像大型选秀，要经过初选、复选、决选几个阶段。初选阶段往往由工作人员推动，无须核心评委。复选阶段，会对候选人员的实力、背景等方面进行更为细致的考察，核心评选会亲临选秀现场，初步确定入围名单。最终的决选则基于前面几轮的筛选结果，由核心评委决定哪位候选人最终胜出。这一过程充满仪式感，涉及评委的专业衡量标尺和个人眼光。如果把标前引导比作复选，把投标比作决选，把决策者和决策影响者比作核心评委，那么卖方如何赢得投标呢？

大型选秀时需要评估候选者的个人素质和背景，企业招采时需要看销售团队的整体方案、报价、沟通过程和企业实力。销售团队需要充分挖掘客户的需求，并且面向这些需求推动客户认知的形成，使其逐步倾向己方。在这个过程中，就需要不断挖掘需求，探知客户的感受并完成纠偏。

在这里，需要特别强调"客户认知"（Perception），而非"工作绩效"（Performance）。客户认知是客户认为我们好，工作绩效是自己认为自己好。但客户说好，才是真的好。长期来看，这两个维度趋近一致。就短期而言，当做了有利于客户的好事而没有让客户知道的时候，客户的认知会低于工作绩效；当自知水平不足，但在客户面前超水平沟通的时候，客户认知会高于工作绩效。大部分销售人员都有能力做到后者，有时人们把这叫作"会忽悠"，但并不鼓励过度承诺，因为这可能导致履约问题，引起客户不满，影响卖方口碑。这里要强调的是，卖方需要恰当、准确地识别自身优势并沟通到位；为客户做了好事要主动沟通；如果客户之前表达了某项不满，卖方一定要在改进后让客户感觉到己方的改进。

当然，认知是相对期望（参考4.4）而言的，卖方一方面要管理客户认知，另一方面要管理客户期望。当客户认知优于客户期望时，客户会感到满意。反之，当客户认知低于客户期望时，客户会感到不满。此时，销售团队可以设法提升客户认知或降低客户期望。此外，也经常听到"为客户创造惊喜"这样的话，当然这个惊喜必须响应客户痛点，它应该在可表达的期望之外，但在潜在需求之内，这样才能被客户当成惊喜。

有时，人们的认知会被期望、个人偏好或固有印象所影响。有一次我与朋友聚会，大家一起准备餐食，我在烤箱里烤了预制的牛肉派。不一会儿，有位穿着红色毛衣的漂亮小姐姐蹲在烤箱前，用炯炯有神的目光盯着烤箱，边看边对我说："哇，巧克力都要流出来了哦！"我听到后问她是不是喜欢吃巧克力派，并婉转地解释了正在烤的是牛肉派……我暗自抱歉，后悔没有提前打探朋友的喜好，给朋友准备些巧克力派。同样，有时客户会用惯有的理解，或基于个人的判断，认为某某供应商擅长特定的领域，而不擅长他所需要的领域。这时，供应商就要更有效和更准确地收集客户需求，引导客户期望，打造客户认知。

有些材料或标签可以迅速帮助影响客户认知，比如团队成员的过往经历、资质文件、奖项、第三方推荐、测试报告，甚至学术头衔。此外，还可以利用相关经验背书、客户故事、专家站台等方法来借势形成影响力。

在4.2节中，谈到了决策链。在标前引导环节，卖方需要收集和厘清所有与采购决策相关的人员清单、职位信息及其对购买决策的影响，并逐一了解决策者、关键影响者的需求及不同需求的期望程度，通过持续、适当的沟通来打动客户。

6.3 凸显差异化的价值定位

在4.6节中，我们提到了如何制定竞争策略。随着买方采购阶段的推进，竞争态势会稍显明朗。除非单一采购，否则各供应商大体都会知道当下和谁在竞争，客户如何看待几家供应商，并据此制定应对策略。公开招标或邀请招标场景下，在签订合同之前，竞争会一直存在，且会变得越来越有针对性。

在部分竞争和充分竞争的环境下，无论线索阶段有没有制定竞争策略，销售团队在标前引导阶段都需要应用图4-4（见4.6）所示的方法，厘清最新的竞争状态和应对策略。随着对客户需求的深入理解和对竞争态势的摸底澄清，销售团队要对客户的价值定位进行滚动更新，并在解决方案沟通中不断向客户的决策者和关键影响者传达有别于竞争对手的方案价值和支撑逻辑。

6.4 补足功课

在这个阶段，可能由于各种问题导致前期没有进行充分沟通，但客户已经按照采购计划推进内部流程了，如下面的这些场景：

（1）对制造业的大中型卖方而言，客户没有对供应商资质进行检查和推进供应商库，就开始推进采购了，此时卖方要不要在跟进商机的时候补充资质，甚至邀请客户到现场审核认证？

（2）对制造业的大中型卖方而言，客户已经进行了供应商资质检查，并到工厂进行了现场审核认证，但其后更换了关键人员，或补充了关键影响者，此时卖方要不要邀请这些客户补充参观或参与资质认证？

（3）销售团队知道这个机会的时候，客户已经完成了内部立项，这意味着线索阶段已经被跳过，此时销售团队是直接按照客户的需求推进后续工作，还是要从客户痛点入手重新梳理需求？

赢得客户的过程是一场缘分的推进。如果"眼见着快结婚了恋爱还没有谈"，我的建议是尽快补课，能补尽补，虽然买方并不是任何时候都会给补课的机会。缺哪补哪，这有利于销售团队了解客户底层需求、激活潜在需求、打造差异化竞争空间，以及恰当地打造客户认知。

6.5 领导销售

领导销售不是领导去做销售，也不是销售人员去领导销售团队跟进商机，而是销售团队及卖方高层在销售过程中对客户发挥类似"领导力"的作用。詹姆斯·库泽斯、巴里·波斯纳和戴比·考沃特[1]通过研究发现，在销售过程中采用五大领导力实践可以帮助企业更好地满足客户偏好、赢得客户认可。

---

[1] James M. Kouzes, Barry Z. Posner, Deb Calvert. *Stop Selling and Start Leading: how to make extraordinary sales happen*[M]. Hoboken: Wiley, 2018.

实践一：身体力行。销售团队需要为客户设身处地地着想，识别和践行共同的价值观，呈现出令人信赖的行为。这不是人云亦云，而是在"诚意""正心"的前提下，深刻地理解客户的发展历程和当前环境，与客户共同直面问题和挑战，识别和践行与客户共同的价值观。身体力行之所以重要，是因为买方会据此评估卖方的可信性、可靠性、相关能力、激情活力及合作诚意。无论客户有着怎样的价值观，销售团队成员都要坚持最起码的实践：保持诚信、熟知产品、了解所服务的行业和客户的商业诉求、保持活力、提前准备、言行一致、不做过度承诺。身体力行不是"独白"，而是需要引导本企业的团队、生态伙伴、客户去追随符合共同价值观的内在渴望，在特定的交易需求之外，促进作为同路人的相互支持、共鸣、鼓励与关怀，邀请客户共同探索且锲而不舍。销售团队需要在坚持共同的价值观下，充分让客户感受到己方的投入，其中时间投入是最为显性的，与客户商业结果相关的高质量提问更能展示销售团队的用心。要做到这些，销售人员就要找到自身的能量之源，也正因如此，格物致知与诚意正心不可或缺。除了关注自身的修养和内心的丰盈状态，销售人员对所属企业的尊重和规则的遵守、对竞争对手信息的保护会让客户打消顾虑。

实践二：共启愿景。正如前文所述，与其告诉客户怎样造船，不如激发他出海的愿望。驱动人前行的是现实的压力和远方的召唤。对有些人而言，摆脱问题并回归正轨更为重要；而对另一些人而言，"天生我材必有用"的自我实现更为重要。在我接触的企业家中，后者驱动行动的情况要更多。无论是回归正轨，还是自我实现，推动客户走向下一步的始终是使用解决方案后的"未来图景"或"好处"，解决方案只是通往未来图景所需借助的手段。为顺利推动销售进展，销售团队需要站在客户角度想象未来最好的可能性，并通过与各决策者、决策影响者的沟通，识别与大多数人相关的、激励人心的共同愿景。这些愿景需要与决策者或决策影响者相关，甚至对他们而言意义非凡，需要以有别于竞争对手的方式凸显出来。共启愿景要求销售团队对客户商业结果的背后逻辑有充分认知，且在赢得客户信任的前提下完成。有时销售团队比较年轻，而客户团队又有"同级沟通"的文化，这时销售团队可能缺少共启愿景的势能，销售人员可借助安排高层拜访来实现共启愿景。挖掘客户的共同愿景之后，销售团队需要以生动的方式激发买方：真诚而热情地"回放"客户引以为傲的事件及其背后的意义，用讲故事的方式（参考4.1）感性地呈现未来愿景，并用充满逻辑的方案作为支撑。

实践三：挑战现状。挑战现状意味着为自己和客户带来新的东西。这需要保持好奇心、保持空杯心态，抓住先机捕捉和挖掘客户的新需求，团结销售团队，包括售前人员和交付人员，在坚持自我迭代的基础上从各方获取新的见解，让这些新的见解、想法融入新的畅想和解决方案中。在2.4节中，提到了华为的"看网讲网"，在标前引导阶段，销售团队需要更详尽地分析客户所面临的外部机会、威胁，了解其期望的商业结果，并用创新性的方案支撑客户期望的商业结果。这并不容易，因为这往往需要在短时间内快速学习，并迭代认知。

近期，家装行业的数字化转型咨询多了起来。由于近两年房地产行业发展下行，导致旧房翻新或改善的需求超越新房装修的需求，且需求大量下沉到三线、四线城市。因此，家装公司为掌握客户入口，纷纷与整装公司展开战略合作或进入整装业务，同时期望通过"出海"（进入国际市场）完成市场扩张。原来家装公司采购IT系统时，需求较为简单，基本是业务在线化。但面临进入国际环境，且需要以更为生态化的方式协同伙伴来服务消费者时，一位家装客户CIO就提出，他认为企业的战略已经升级，那么企业的数字化平台也要升级，他清楚这次的升级不是原有系统的改造，而是需要上一个台阶，然而对于"未来的系统应该着眼于哪些新的焦点，数字化怎样为企业提供价值"这个问题，客户的CIO需要通过咨询获得帮助。找到我的团队之后，客户要求几天后进行首次沟通。这个行业对我的团队而言较为陌生，在首次沟通前，我的团队查阅了公司的年报，随后将其和竞争对手进行了对标，带着初步理解，在客户要求的日期内与客户进行了沟通，并指出了客户面临的成本和人效压力，说明了一般性的数字化转型方法及业务价值落地的支撑逻辑。客户对我的团队的"课前准备"表示认可，同时也要求我的团队加强行业的针对性。为此，客户为我的团队安排了一些内部访谈。客户的积极指引和支持让我的团队感到双向奔赴的进程已经开启。第二周，我的团队查阅了更多报告，并访谈了几位家装行业的业内人士，了解了更多行业现状和趋势。在第二次沟通中，我的团队明确指出客户需要建立"数智生态平台"和"全球大脑"，并对研发、销售、集成交付、国际化财务管理的各个领域明确了高阶的价值杠杆及价值落地的思路。我的团队的进展令客户感叹："第一次沟通我感觉你们不懂行业，但很有合作诚意；第二次沟通，没想到你们在短短时间内对行业研究得这么深入，这很让人感动。"经过一些非正式交流，我的团队了解到，在第二次沟通后，我的团队在若干咨询公司中与另一家国际咨询公司已经脱颖而出。

挑战现状直指创新，这可能将买卖双方协作的紧密程度推至新高。即使在下游B端客户带有专业而强势的"甲方光环"的情况下，卖方也有机会。

在一家刚刚发展起来的中国零配件汽车企业，基于企业的战略要求，销售经理们需要主动拓展国际合资汽车客户。大概因为乙方地位，不少汽车零配件企业对"主机厂"（也就是汽车企业）抱有仰望情结，认为主机厂的工程师和采购人员知道自己要什么，对零配件有着深入研究和设想，无须乙方进行前瞻式的需求引导。然而这家企业的一名销售人员基于过去职业生涯中积累的经验，协同工程师帮助客户做起了对标，他们把同样的零部件在客户竞品车型上的造型和参数进行了对比，给客户提出了进一步的设计改良建议。这样"上来就开干"的合作态度，让客户在购买决策前就把他们认作了合作团队。

类似的事情也发生在制药行业。当某制药厂开始为原料药研发工作展开供应商初步沟通时，尽管还没到发出招标材料的环节，某个药物研发企业已经完成了部分实验，并将初步的实验数据及基于初步研究的方案建议书提报给制药厂。他们的诚意和专业赢得了制药厂的青睐，以至于我在访谈这家制药厂的时候，他们仍将这个供应商视为合作标杆。

客户会对挑战现状并带给他们"新主张"的团队给予更多"加分"，同时团队对客户内外部环境的洞察和对其公司商业结果、个人职业价值的关注为客户打开了更多的发展可能性。"打开挑战之门"是销售团队快速学习、迭代并与客户共舞的结果。新视野和创新性方案，将进一步推动买卖双方甚至伙伴公司的发展。

尽管有时销售团队已经在挑战现状，但客户对供应商的选择还是较为谨慎的。在面向全新的客户或全新领域的时候，卖方不妨先从小单切入，经过双方磨合，进一步建立信任关系，然后走向更深入的合作。

实践四：使众人行。首先，销售团队需要构建有利于客户与己方共同完成团队合作的环境。这包括表达信任、共同商定关键推进日期、同理心聆听、持续沟通、积极响应、赋能买卖双方团队甚至合作伙伴。其中，同理心聆听要求站在客户的角度倾听，而非从自身产品出发选择性地接收客户的信息和需求。同时，销售团队需要尽量帮助客户明确采购需求规格和评标标准，这有利于加强销售的确定性。

其次，销售团队需要让客户感觉到其自身的专业和实力。这包括核心团队简历的凝练和包装、对方案中关键点的展开、对企业过往案例的自信阐述。以专业视角给关键影响者或决策者足够的输入，有利于他们在客户内部更好地推进工作进展和维护资源网络。

要做好上面两点，销售团队不妨与客户共同强调"一个团队、一个声音"，进一步打造双方团队的融入感，在共享愿景下共同展望、创新、细化方案。

实践五：激励人心。无论销售团队有没有推动双方团队的融合，对于双方团队成员的关键贡献都要给予公开的认可或称赞。认可或称赞务必基于事实、有所升华，有血有肉有神，而非言之无物。对一些合作事项的关键进展，可以制造一些"庆祝仪式"，在共同团队内分享积极体验。

6.6 联合工作计划

在标前引导阶段，以销售人员或客户责任人牵头，售前责任人、交付责任人为核心的销售团队已经成立。此时需要回答一个问题："已经任命了'铁三角'，大家也知道需要协作，但就是不知道什么时候该怎么配合。"这是一个真实的问题，解决这个问题的关键在于制订与执行联合工作计划。

联合工作计划在不同的公司可能名称不同，在有些公司以"跟进事项"的形式存在，每次销售复盘时更新；在有些公司以"预定义模板"的形式存在，其中规定了销售团队必须完成的事项，销售团队成员可以就这些事项分解"二级计划"，或添加工作事项，但不能减少规定事项。

联合工作计划不仅仅是内部协同工具，也是对外协同工具。对于一些重要时间节点，卖方需要与买方充分沟通协商。用华为的话来说，"我们核对一下项目时间表，一旦时间定了，我们绝不耽误项目"。这样的积极行动同时是对客户合作的邀请，卖方也可以从客户的反应中获得反馈信号。如果客户积极投入，说明项目目前在买方内部进展阻碍不大，且买方对卖方抱有期望；如果客户拒绝或搪塞，则说明可能对卖方不看好，或项目在买方内部的推进过程中存在不确定性。

较为典型的联合工作计划如表6-1所示，表中23项活动是销售过程中的典型活动，企业可依据实际情况进行调整。与客户确定联合工作计划时，可仅就任务项的关键时间节点完成沟通，活动列留给内部使用。

表6-1 典型的联合工作计划

	任务	活动	客户负责人	卖方负责人	完成日期
1	需求与项目背景分析	决策链人员清单收集及评估	×××	×××	
2		需求挖掘及方案交流			
3		竞争对手优劣势及竞争策略分析			
4	解决方案制定	产品演示或技术交流（秀肌肉、塑造急迫感）			
5		目标预算澄清			
6		解决方案（含技术及创新）修订/制定与战略回应			
7		解决方案沟通与修改			
8	需求与方案基本确认	客户内部高层交流			
9		客户内部需求确认			
10		获取客户反馈与竞争情报			
11		项目范围确认、方案修改与利润初步测算			
12		协助客户拟定招标材料与评标标准			
13	干系人沟通	客户干系人检点及计划调整			
14		高层交流/邀请来访			
15		方案交流及反馈、跟进事项回应			

续表

	任务	活动	客户负责人	卖方负责人	完成日期
16	投标	接收客户招标邀请并回应			
17		投标前持续沟通			
18		标前评审			
19		参加投标/述标			
20		客户项目组内部汇报评标结果			
21		接收中标通知			
22	洽谈签约	合同洽谈			
23		合同评审签章			

需要说明的是，零部件销售或项目+订单型销售通常伴随客户研发流程推进，当所在行业的研发过程较为复杂严谨时，销售周期也会被相应拉长。此时，企业仍然需要在标前引导及后续的投标阶段保持尽可能的高压强沟通，沟通的内容和对象可能会扩大到客户的各类细分专业，如项目管理、市场、研发、造型、采购、质量、供应链、财务，甚至可持续发展等相关话题和部门。

6.7 阶段目标、行动、关键输出、检点

本阶段的目标是在投标前影响客户心理排序，为投标做好铺垫和准备。

在本阶段，销售团队需要厘清需求，展示自身能力，厘清关键干系人清单，收集竞争情报并制定竞争策略，拟定解决方案，赢得决策者、关键影响者的认可，协助客户拟定招标材料及评标标准。

本阶段的典型输出包括决策链分析、竞争策略分析、解决方案、联合

工作计划。此外,决策链及其成员的关系状态、竞争策略需要被持续审视和改进。

"需""人""领""值""采"五个维度在本阶段都需要获得明确进展(见图6-1)。

管理需求(需)	影响决策(人)	领导销售(领)	构建双赢(值)	支持采购(采)
• 客户需求细节确认清晰并被妥善记录	• 客户决策者及决策影响者清单完整 • 对决策者和决策影响者完成沟通并收集反馈 • 决策者将己方列入前两名供应商名单之中,且大部分决策影响者首选己方	• 收集、明确关键干系人期望,并完成响应 • 对客户战略或职能愿景进行识别和回应,论证方案对愿景的支撑逻辑 • 协同客户推动创新 • 与客户协同拟订联合工作计划	• 方案中明确客户收益 • 完成卖方利润初步测算,明确收益	• 厘清客户采购流程、关键时间点 • 联合工作计划与采购关键时间一致 • 竞争策略清晰制定 • 协助拟定招标材料及评标标准

图6-1 标前引导阶段检点标准参考

"需"(管理需求):客户需求及需求细节应在本阶段确认清晰并被妥善记录。

"人"(影响决策):在本阶段,销售团队需要完整收集客户决策者和决策影响者清单,并与这些干系人就解决方案完成沟通。每次沟通后,应收集关键干系人的反馈,并就遗留问题给予积极响应,力求决策者将己方列入前两名供应商名单之中,并且大部分决策影响者首选己方。

"领"(领导销售):本阶段是领导销售的重要过程,销售团队需要收集、明确决策者和决策影响者的期望,并完成响应。同时,对客户期望的、最令人兴奋的未来图景进行识别和回应,论证方案对未来图景的支撑逻辑。销售团队还需要尽可能协同客户推动创新。与客户协同拟订联合工作计划则有助于内部协作及买卖双方的团队融合。

"值"(构建双赢):对双方的受益情况进行分析和评估,在客户方案中凸显其可能的收益。

"采"(支持采购):销售团队对采购流程、关键时间点进行更新,联合工作计划中的关键时间需要与采购时间一致；竞争策略需要被更新；销售团队还需要尽可能协助客户拟定招标材料及评标标准。

6.8 本阶段的关键角色及职责

本阶段主要由客户责任人、售前责任人、交付责任人共同推动。

客户责任人需要通过联合工作计划推动团队工作。一方面，收集客户决策者、决策影响者清单，协同售前人员推动需求厘清、能力呈现和方案交流。另一方面，对客户联系人和采购相关部门，应推动客户关系建立、买卖团队融合；对客户高层，可协同售前责任人完成高层对话，或推动高层互访。

售前责任人需要充分挖掘客户需求，制定可盈利的方案，对未来双方可能的收益进行分析和判断，协助客户完成招标材料、评标标准的制定。

交付责任人需要介入售前活动，拟定交付方案，或确定交付可行性，对交付成本做出预估，协助售前责任人就项目交付相关内容完善招标材料和评标标准。

6.9 思考总结

- 标前引导阶段为什么重要？这个阶段的工作目标是什么？
- 乙方表现与客户认知的区别是什么？如何打造客户认知？

- 如何推动竞争策略的落地?
- 本阶段有些之前缺失或不足的工作,是否需要补足?
- 领导销售在标前引导阶段意味着什么?销售团队可以据此展开哪些行动?
- 联合工作计划的作用是什么?通常包括哪些条目?是否需要与客户协同拟订?
- 标前引导阶段的关键输出包括哪些?检点要点包括哪些?
- 标前引导阶段通常涉及哪些人或角色?他们如何分工?

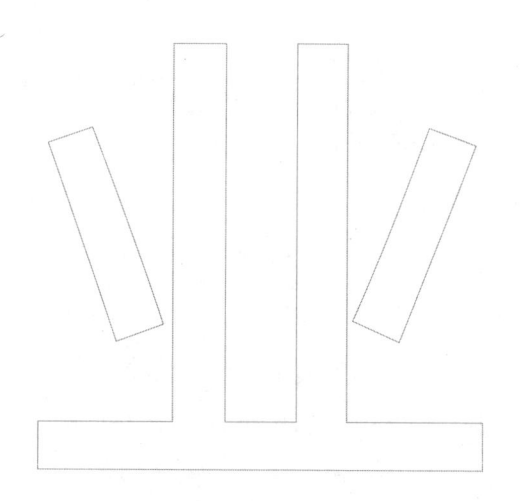

第7章

投标：应对显性、潜在需求，推进双赢

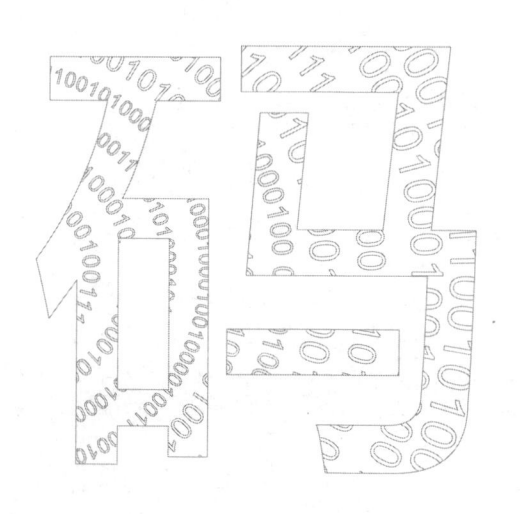

7.1 综合采购与原材料采购下的投标差异

企业的采购大体分为两类：综合采购和零部件或原材料采购。其中，零部件或原材料采购通常是为了企业的生产经营，作为生产物料被"集成"到下游产品中。综合采购则包括与企业产品生产不直接相关的各类采购。依据采购金额的大小，以及供应商多寡和政策法规要求，综合采购可以被再次划分为小额采购、比稿、单一采购、邀请招标、公开招标（或招标）。这些不同类型的采购对销售也提出了不同的要求。

零部件或原材料采购（尤其是非标准的原材料采购）会要求企业经历较长的"投标"时间，买方会充分利用这段时间通过对供应商的多维度评估完成"定点"和"定价"。在买方发出招标材料后，销售团队往往不是通过一次性出具方案或样本来赢得买方合约的，而是通过各种专业的持续沟通，以及至少三轮的报价配合买方完成供应商评估的。买方会对卖方进行严格的资质审查，这通常发生在买卖双方初步接洽的过程中，或者发生在招投标的过程中。对于比较重要的生产物料，买方可能会亲临潜在供应商现场，以确定供应商的研发能力、精益生产能力、稳定供应能力、质量体系能力、内部管理能力等。

在综合采购中，为了提高外部资源获取的效率，其场景细分更为丰富。其中，小额采购通常在预算内无须招标，由需求部门经过中基层经理批准直接垫付购买后完成报销。比稿则是在金额较小的范围内（如10万元人民币），由业务部门提名两家符合技术要求的供应商，采购部以价低者得的原则完成综合评估。这类采购的招标过程较为简洁，或需要卖方提供正式标书和书面报价，但通常无须述标。单一采购是很多企业的内控重点。与货比三家相比，单一采购需要发起采购的部门说明供应商的唯一性。邀请招标则是企业在非公开招标的范围内，邀请三到五家潜在供应商进行投标评比，经过正式的评标过程，通过打分来选择供应商。打分的规则各企业不同，有些经过技术评分选入三家符合标准的供应商，随后价低者得；有些则采用技术标与商务标加权打分的方法进行综合评估。在这个场景下，供应商通常被要求在严格时限内密封投标，甚至需要完成现场或远程述标，买方会评估供应商方案、交付能力、售后服务或质量保障能力，甚至通过项目经理述标和问答来判断交付团队的专业性。对于国资参控股企业，还需要依据相关的法律法规来确定对特定项目是否采用公开招标方式，如达到一定金额的工程项目或海外设备采购。公开招标过程较长，其公开"挂网"的时间需要满足相关法律法规要求的最低公示期限，在这个期限内，卖家不仅需要坚持推进销售，还可能遇到意料之外的搅局者。公开招标同样要求在时限内密封投标；同时，为了满足招标的合规要求，可能会引入招标代理公司——这些公司或其邀请的专家同样是购买决策的影响者，需要被作为关键干系人进行管理。

本章内容针对需要正式投标的场景，面向单一采购或比稿的销售团队也可适当参考。如果销售团队面向的客户还未分化出专业的采购职能，仍然处于"老板拍板就算"的阶段，那么本章内容也暂时仅供参考，随着买卖双方的壮大，本章也许未来用得上。

7.2 标书分析与澄清

招标材料也称RFQ（Request for Quotation）、RFP（Request for Proposal），

有时SOR（Specification of Requirements）会作为RFQ的一部分一并发出，有些行业称之为"客户发包"。在接收或购买招标材料之后，销售团队需要就招标材料中的技术需求和商务要求组织分析，如遇问题，则需要与客户进行澄清。需要注意的是，尽管在标前引导阶段卖方可能已经向客户建议了需求规格和评标标准，客户仍可能会在招标材料中把不同供应商的建议择优融合在一起。因此，无论上一阶段做得多扎实，收到RFQ后的标书分析和澄清环节仍必不可少。必要时（如发现RFQ带有明显的倾向性），需要就此向买方发起质询；当然，这并不多见。

7.3 投标策略与决策

销售团队需要基于标书分析和澄清来制定投标策略。投标策略的制定也可参考竞争策略的制定。对于需要投入大量研发资源的企业，可以在招标材料澄清之后，召开新项目评审会议，以跨技能小组的方式来评估投标策略，决定是否正式参与投标。在新项目通过评审之后，卖方便可以进入提案及报价阶段。

7.4 标书与报价

标书通常包含商务标和技术标两大主要部分，以及其他附加文件、封面和文档结构目录。

技术标部分包括解决方案和交付实施方案。解决方案指为了解决客户问题而提供的系统或服务方案，以及该系统或服务所带来的价值。交付实施方案指项目的交付方法、计划和团队职责分工、资源安排等。

商务标部分通常包括投标函、法定代表人身份证、法人授权委托书、企业相关资质证明、报价文件等。在准备标书时，应仔细阅读并遵循招标文件中的要求，确保所有必要的部分都已齐全且符合规定。

技术标与商务标两个部分紧密结合，需要联动沟通和修改。比如，一旦交付范围变化或交付周期变化，就要相应地考虑这些是否会引起交付成本变化，进而引起报价调整。就整体而言，卖方需要保证标书的方案和报价支持项目可盈利、可交付、可验收。其中，可盈利需要经过财务测算来确定。通常来讲，投标方案和报价所带来的毛利需要能负担得起销售管理费用及其他支出，因此卖方需要对测算的项目毛利有一定的要求标准。而对于探索型、战略型业务，可依据企业周期和市场竞争情况决定是否采取高盈利策略或牺牲利润占领市场的策略。可交付、可验收需要由交付责任人提前介入来完成确认和承诺。为了避免客户责任人、售前责任人相对激进而负责合同履行的交付责任人相对保守而引起的分歧，企业需要制定适当的激励方案，促进以上三个核心角色利益共享、风险共担。

商务标中文件资质的准备繁杂但不复杂，然而有些企业苦于各类资质散落在相应的管理部门。为此，有些企业设有专业的投标部门，集中管理电子版营业执照、第三方认证、国家可销售目录、专利、产品资质、人力资源证书等相关资质证明，并在资质有效期即将到期前，通知相关责任部门更新资质证明。

此外，由于报价直接影响收益，价格管理也需要被重视起来。这里需要明确两个关键过程：定价和报价。

定价通常是内部过程。这个过程需要企业制定定价策略，识别完整的成本结构，并依据定价策略、结合目标利润要求拟定价格区间，规定报价或折扣权限。

价格策略包括成本加成法、渗透定价策略、客户容忍价格法、撇脂定价策略、价格信号法、地区定价法、品牌定价法、环境定价法。其中，成本加成法较为简单，它以产品的单位成本或项目的整体成本为基础，加上预期利润来确定价格，具体包括成本加成定价法、目标收益定价法和边际成本定价法。渗透定价策略通过较低的价格迅速占领市场，实现规模效应和优势，适用于市场竞争激烈的情境。客户容忍价格法根据客户对产品或解决方案的感知价值来设定价格，如果消费者认为产品的价值高，则可以定高价；反之，则定低价。撇脂定价策略旨在新产品或新技术导入时充分借助创新优势实现高利润，采用高价策略，以吸引先驱消费者和早期消费者，随着市场的饱和与竞争的加剧，再逐步降低价格以吸引更多消费者。价格信号法通过价格传递某种信息，如高价可能代表高品质，低价可能代表性价比高。地区定价法根据不同地区的经济水平和消费习惯来设定不同的价格。在品牌定价法中，可对相同或不同产品设定差异化品牌，高端形象的产品予以高定价，低端形象的产品予以低定价。尽管为不同品牌做了差异化定价，但产品底层可能共享同一技术架构、原材料或生产设施。环境定价法指对同一产品，依据客户消费场合下客户购买产品动机的强弱和对价格容忍程度的差别来完成定价，如游乐园、飞机或火车上餐饮服务的定价相对较高。企业可结合自身的战略意图来选择一种或综合使用多种定价策略。

在定价策略确定之后，一方面，定价小组需要明确与生产交付相关的直接成本和间接费用，在完整成本结构基础上添加目标利润，形成底价；另一方面，需要结合客户容忍价格规划目录价，即目标销售价格。如果涉及渠道分销，还要分析制定渠道价格及建议零售价。在加强市场渗透、大力推广业务的场景下，企业也可以制定推广价。如果产品或解决方案的定位不出现问题，通常推广价高于底价、目录价高于推广价。在目录价与成本价之间，企业可在各业务层级规定授权价格或授权折扣。

报价则与客户交互有关。销售团队可在公司定价和授权基础上，依据客户、竞争和交易的具体情况，决定采用目录价报价、高于目录价报价、折扣权限内报价或特殊价格报价。其中，特殊价格报价指超出自身折扣权限或报价权限的报价。企业需要设立一定的程序来评估特殊报价的收益，包括物质收益和非物质收益。报价后与客户洽谈形成的价格被称为交易价。交易价受到客户、买方总成本、卖方整体收益、竞争态势、区域内平均消费能力、区域内竞争环境等因素的影响。通常，老客户对价格的容忍度相对较高；客户采购的紧急程度和所要解决问题的严重程度、重要性越高，对价格的容忍度也越高；买方如果在首次高价购买后，后续耗材和维护成本较低，则会减少高价成交的顾虑；卖方如果在低价进入后，有较为明确的后续持续交易机会，可考虑低价切入，赢得客户合作；竞争者较多时，要结合评标标准来调整报价，保证综合得分领先；在战略区域内，可考虑低价压制竞争对手，限制竞争对手的内部能力拓展、市场影响力提升和实现规模效应的可能性。

定价和报价策略可以多样化，然而需要谨慎对待价格竞争。除非价格竞争背后配有相应的降本方法，否则价格竞争会让企业带着自己的员工处于"不得不卷"的境地。对于意图引领行业而不仅仅做行业搅局者的企业来说，低价更需要当心。亨利·福特曾在其创建的福特汽车公司利用大规模流水线实现汽车降本，制造"人人都买得起的汽车"，这大大释放了普通消费者的购买能力，新释放的销售空间也让行业的整个蛋糕变大。行业的引领者需要以创新的方式把蛋糕做大，尽量避免把行业蛋糕做小，避免在一块缩小的蛋糕上分一杯羹。

报价的过程是对后续可能合作的项目进行财务控制的开始。如在1.2.3节中所述（见图1-2），拟合作项目的财务控制分为四大关键过程，分别是概算、预算、核算、决算。报价的过程同时是对拟合作项目的概算过程。通过概算，企业可判断拟合作项目的盈利能力。通常来讲，概算中计算的毛利需要能够养得起后台的人，支撑得起后台的必要花销，负担得起税费，余下的才贡献给净利润。因此，企业需要给出一些规则，原则上要求拟合作项目的报价必须超过某个毛利，具体还要参考定价和报价策略。

对三种销售模式（见1.3.2）而言，报价的结构和后续的财务控制点不同。

在项目型销售中，主要成本来自外采软硬件或原材料、自有软硬件或原材料、交付人工费用、差旅费、外采人工费用，部分项目会涉及项目试验用的基础设施费、市场调查费用等。这些费用加上销售管理费用的年摊，加上税务部分，添加目标利润及税费后构成底价。报价可依据客户、竞争、市场策略等情况上调或申请特价。外部采购的供应商寻源和询价需要在此阶段完成，尽管可以暂不签合同。这个报价和成本会作为合同洽谈的基准。合同谈定后，依据合同约定来确定预算，在合同履行中进行核算（参考项目管理中的挣值管理），项目交付结束且没有回款风险时完成决算。拟合作项目的财务四算并非从合同签订开始，而是从报价时开始，并且采用一致的成本结构进行测算和复盘。

订单型销售以产品或原材料为主要场景，此时需要做好单价管理。产品或原材料单价中，需要考虑材料成本、制造成本、期间费用、包装物流费用分摊、研发费用分摊、模具分摊，以及其他销售管理费用和税金分摊，依据价格策略预留出目标利润，形成单价。有些企业以边际贡献（单个产品价格−该产品的变动成本）来管控单个产品的经济性。管控的具体方式需要财务部门根据业务性质和企业的会计政策详细拟定。在这种模式下，企业报价时可对未来的一次或多次订单提报产品单价。

在项目+订单型销售模式下，企业可依据自身性质采用项目型、订单型的混合报价方法。比如，涉及商业化零部件或原材料销售，可单独就项目交付提报项目交付价格，对未来交付的多个订单提报产品单价；或在买方承诺采购量较为可靠、回款风险较小时，将研发费用分摊到单价中，以此来减少买方的经济压力。如果买方承诺采购量存在风险，也可采用阶梯报价，即累计订单达到多少则报价下调到多少的方式来报价。对于模具、定制机床等采购项目，若后续重复下单场景不多，可参照项目型销售模式完成报价。产品零部件模具的报价有时会涉及该模具由零部件研发方所有还是买方所有（比如有时为了保障售后零部件在产品退市后仍能生产，买方会一并购买零部件的生产模具）的问题，类似这样的细节不过多展开，请读者根据自身情况酌情适配。在项目+订单型模式中，后续的交付过程中既要关注项目的成本控制，又要关注产品边际贡献（率）的控制。

7.5 标前评审

在整体提交方案和报价前，企业需要进行标前评审，以便把握建议书的质量和项目的可交付性、可验收性、可回款性。标前评审通常分为两个环节。第一个环节为评审，即相关专业人员就解决方案、交付方案、商法（如涉及）、财经方案给出评审建议；第二个环节由项目级别相对应的销售决策团队根据各专业的评审意见给出综合决议。

财务在这个环节需要就项目利润率和产品的经济性进行评审和控制，如果此时项目收益性或产品经济性不良，则需要协同销售团队或售前解决方案团队调整报价或降低成本。对于项目型销售或项目+订单型销售，这个环节的财务测算则成为概算，与后续的预算（合同签订环节）、核算（项目执行环节）、决算（项目关闭环节）统称为项目"四算"。

需要注意的是，项目收益不仅仅指金钱方面的盈利。有时对于"山头型"项目，如新的目标大客户、战略探索型项目，相应级别的销售决策团队可决定先进入客户"磨合着"，或是进入某个战略领域"打个样出来"，盈利放在次位。

在5.2节中，提到了项目的分级而治，即项目按照其客户、战略重要性、规模和收益、产品规模和增长潜力等维度进行分级，并配以相应等级的决策团队、管理成员和执行资源。

标前评审依照项目级别"分级而治"。最高级别的项目需要审慎评审，决策层级最高。最低级别的项目力求由经授权的一线人员自行快速决策，加速流程周转。

经过标前评审后的商机，可进入正式报价阶段。

7.6 多轮报价与跟进

内部完成报价试算，并完成标前评审后，可由销售代表正式向客户提报价格。鉴于客户的采购流程有所差异，有些项目会采用一次报价形式，宣布中标后再以洽谈的形式商定价格；有些则会采用多轮报价形式。这个过程短则半天，长则几个月（如汽车零部件的报价过程）。

对较长周期的政企销售而言，销售过程犹如一次手拿沙漏的中长跑团队赛，每个环节都需要谨慎、耐心地应对，不能让时间白白流过，报价过程同样如此。如前文所述，为了更加明晰供应商在客户方的脱颖而出之法，我访谈过多位采购人员。其中一位采购人员提到："供应商最好充分了解采购的需求，给出清晰的报价结构，而且在正式报价前可以非正式地提交报价草稿，争取多轮报价。一次报价最为重要，有些厂商报价模板科学，方案质量高，报价细节完整、逻辑清晰；有些厂商则相反。但如果总让人追着澄清报价，感觉印象分就变差了。一次报价最好给出足够的诚意；二次报价不是降价提示，更多的是复核确认。尽量避免两次报价差距较大，不要让采购人员觉得这个供应商挺会玩人的。报价过程中还要争取同买方各专业人员与高管的面对面沟通机会——这同时是对买方态度的试探，如果连见面都不愿意见，那就说明对合作的预期很低了。"

这个过程中，客户认知（见6.2）同样尤为重要。销售团队要积极快速地响应客户诉求，遵守报价截止时间，避免反馈不及时；配备与客户关键决策者"看对眼"的项目成员；避免让采购人员觉得"对方不诚信"。有时，卖方派出的项目经理明明经验丰富、内功了得，但就是不对客户胃口，有些卖方会觉得时间长了，客户也许会慢慢接受项目经理，但很多情况下，一旦客户开始对某人产生先入为主的印象，后面就会在潜意识里一次次忽略与自身认知结构不同的信息，进而"证明"（强化）自己的"判断"（感知）。销售团队可尝试用多种办法来改变客户对团队的认知，如换人、利用典型事件改变交流视角（比如一同参访某标杆企业）、请权威人士帮忙站台等。

每轮报价和沟通后，销售团队都要尽快收集客户反馈和竞争情报，并据此做出进一步反应。报价结束后，客户方会完成供应商的最终评估，并给出中标通知。

7.7 阶段目标、行动、关键输出、检点

本阶段的目标是利用控标方法赢得投标，提升中标率，提高产品或解决方案金额，确保收益。简而言之，就是卖得多，卖得好。

在本阶段，销售团队需要分析、澄清招标材料，撰写和提交标书，完成报价。如果涉及长周期多轮报价，销售团队则要保持与客户的持续沟通和报价澄清，及时响应客户需求，直至买方宣布中标结果。正式向客户提交投标方案和报价之前，应经过标前评审，管控销售的可营利性、可交付性、可验收性、可回款性。

本阶段的典型输出包括方案建议书、报价单、标前评审单、风险问题列表等。投标期间，客户决策链成员及其状态、竞争策略仍需被持续审视和改进。

在本阶段，"需""人""领""值""采"五个维度需要尽可能得到最大化满足（见图7-1）。

管理需求（需）	影响决策（人）	领导销售（领）	构建双赢（值）	支持采购（采）
• 客户招标材料/RFX需求，以及非书面需求被澄清 • 明确不同客户角色的心理和情绪需求	• 长周期报价（3个月以上）过程中，与决策影响者保持沟通强度 • 决策者首选我方 • 大部分决策影响者支持方	• 根据招标材料更新扭转策略、差异化竞争策略 • 解决方案充分契合竞争策略 • 解决方案设计完成并经内部把关 • 描绘未来合作愿景，突出战略契合	• 对关键人物的痛点或价值诉求进行回应和凸显 • 报价具备可营利性，或方案具备非物质性收益	• 分析销售、交付风险并制定相应措施 • 闭环解决遗留事项 • 必要时针对我方差异化点引导客户修改招标材料 • 面向客户打造可持续改进的印象 • 按要求时限完成报价，依据翔实，结构清晰，客户目标价格可实现，且具备竞争优势 • 推动高层交流结案

图7-1 投标阶段检点标准参考

"需"（管理需求）：本阶段需要清晰了解客户招标材料/RFX中的需求，以及其中没有包括的非书面需求，同时厘清不同角色客户的心理需求和情绪需求。

"人"（影响决策）：在本阶段，客户决策者和决策影响者的成员态度需要被持续维护。如果涉及长周期报价，则需要在这个过程中维持与决策链成员的沟通强度，必要时请公司高层介入，实现决策者首选方、大部分决策影响者支持我方的目标。

"领"（领导销售）：更新竞争策略，在解决方案中充分体现我方差异化核心消息，完成解决方案设计并经内部评审把关。对于客户方的高价值采购，尽量推动双方高层进行战略层沟通，展望未来合作愿景，突出战略契合程度。

"值"（构建双赢）：对客户方决策者和决策影响者的痛点予以回应，并凸显其价值诉求。同时，对卖方而言，报价需要具备可营利性，或能够带来其他非物质性收益，如新客户拓展、新解决方案拓展、己方能力破冰、大概率的后续合作机会等。

"采"（支持采购）：销售团队需要分析销售、交付风险并制定相应的预后措施。前期沟通过程中的遗留事项此时应已完成闭环解决和回复。如果识别到对买卖双方均较为有利的采购需求规格和商务标准，此时仍需抓住机会更新招标材料，并使其适用于所有供应商。在涉及长周期报价的交易中，卖方需要打造可持续改进的印象，包括降本、方案优化等。销售团队需要按要求时限完成报价，依据翔实，结构清晰，客户目标价格可实现，且具备竞争优势，必要时需推动高层或相应管理层级交流结案。

7.8 本阶段的关键角色及职责

本阶段主要由客户责任人、售前责任人、交付责任人共同推动。

客户责任人负责牵头推进竞标报价。在项目型销售模式中，由客户责任人牵头准备投标材料；在项目+订单型销售模式下，常涉及多轮报价，此时客户责任人需要组织相关团队制定并完善技术方案或方案建议书，同时推进报价方案，驱动报价生成。正式报价前，需组织标前评审。报价过程中，要根据关键决策者、决策影响者状态和客户采购流程，持续调整沟通计划，组织内部人员按需进行现场或远程述标。

售前责任人需要根据招标材料制定或更新解决方案，与交付团队确认新需求和响应方式，按需整合交付方案，配合客户责任人参与标签评审，支持客户沟通或述标。

交付责任人需要拟定或更新交付方案，支持报价测算，推进项目分析，评估项目的可交付性。

重大项目需要有财务控制人员配合完成项目概算，并就项目收益性进行适当的财务控制。

7.9 思考总结

- 收到客户招标材料后的关键跟进环节包括哪些？
- 定价与报价的区别是什么？价格策略包括哪些？

- 报价中需要关注的要点有什么？
- 标前评审时需要关注的评审维度和过程要点有哪些？
- 对涉及长周期报价的项目，报价过程中如何保持与客户的沟通？
- 投标阶段的关键输出包括哪些？检点要点包括哪些？
- 投标阶段通常涉及哪些人或角色？他们如何分工？

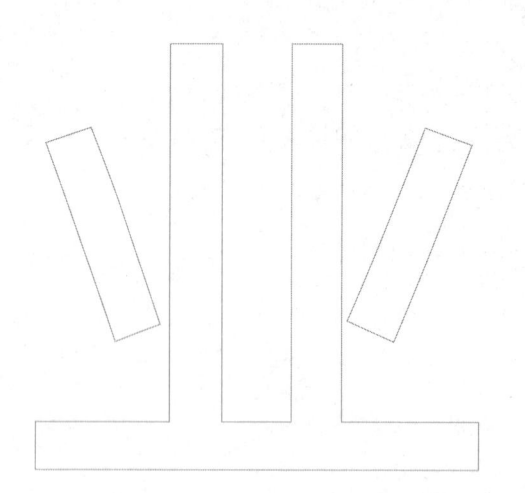

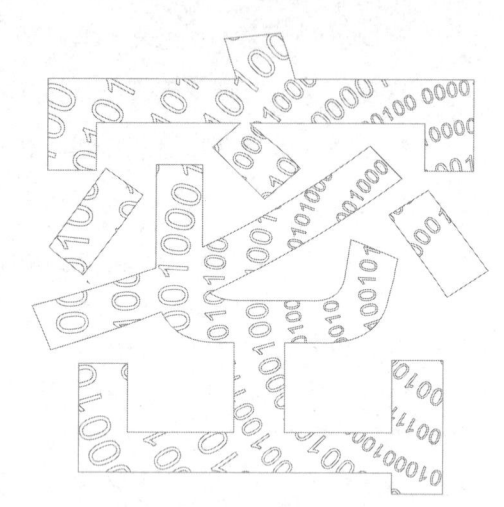

第 8 章

合同洽谈与签约：可交付、可验收、收益合理、风险可控

8.1 合同洽谈

还记得我从埃森哲离职来到某汽车企业之后,由于我的变革管理团队还没有建设起来,公司又要赶时间窗口,于是邀请了华为和另外两家国际咨询公司参与汽车研发流程优化方面的业务咨询项目招标。华为的售前解决方案人员坚持价格不能再降,而他们的价格又高于我的预算,眼见我已经快失去耐心,华为的销售负责人打来了电话,说他们很愿意合作,虽然价格很为难,但他们愿意回去再申请一下,同时问有没有可能给他们一些后续的合作机会,这样他们也好有理由去申请折扣。几番交流下来,我深深感到了华为团队的分工和配合,他们既咬死价格,又积极表达了诚意。尽管由于预算的原因,项目更换了供应商,但这一来一往也着实令人印象深刻——让我体会到了当年的咨询方案被用在自己身上的感觉。

合同洽谈是企业从第一单交易开始就在不断规范的事项,其中存在诸多问题。比如,技术和商务分开谈判,缺少联动;有些条款在反馈RFQ/RFP时已经进行了承诺,到合同阶段已然错过了最佳干预时间;合同谈判被动,在毫无准备的情形下,始终由对方主导和牵引谈判。

涉及小金额、简单品类的合同洽谈相对简单得多,而与大金额、复杂解决方案有关的合同洽谈则相对问题较多。卖方若倾向后者,则更需要管理好从谈判目标、策略制定到执行谈判的过程。

合同洽谈的主要环节包括明确谈判目的和策略、细化谈判目标、制订谈判计划、执行谈判计划和处理极端情况(见图8-1)。小金额、简单交易可适当简化上述过程。本节着重阐述合同洽谈过程,有关合同撰写的法律要求和商务谈判技巧，读者可另行查阅其他材料。

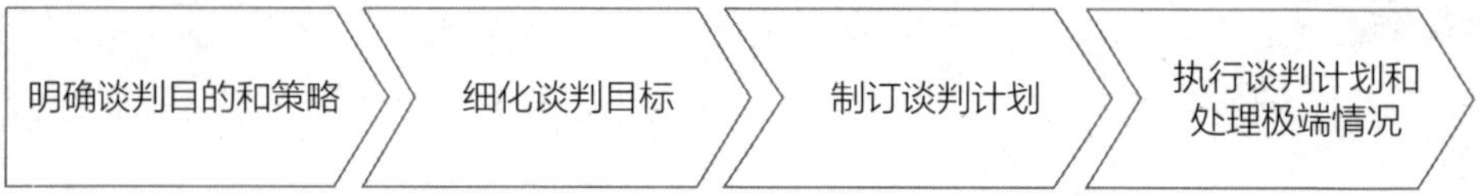

明确谈判目的和策略 → 细化谈判目标 → 制订谈判计划 → 执行谈判计划和处理极端情况

图8-1 合同洽谈的主要环节

合同洽谈始于明确谈判目的和策略，这步通常由客户责任人牵头，由包含客户责任人、解决方案责任人、交付责任人在内的销售团队共同执行，必要时按需请入其他相关人员。

在绝大部分销售过程中，卖方都在尽量着眼双赢推进销售，而在谈判环节，卖方面临着买方来谈判的专业团队和采购团队，买方则背负着企业的项目目标和降本指标，秉承自身专业"寸土必争"。显然，销售团队不能轻易退出，在经历了前几个阶段的兢兢业业后，销售的最后一个回合更不容松懈。买方团队可能提出赠送高级人力资源工作人天、增加交付详尽程度或要求、缩短交付周期、降低报价等各方面的要求。面对这些要求，销售团队需要决定自身确保的谈判目的是什么，如保单价、保利润、确保进入客户或地区、压制竞争对手、确保验收条款、保证项目现金流等。洽谈目标可能是以上之一或混合目标。

销售团队在确定谈判策略时，需要考虑公司销售策略、客户和项目价值、竞争态势等。通常来讲，对于战略客户，当卖方在客户处已占据较大份额、关系较紧密时，可采用平衡策略，酌情关注利润；若遇战略客户，且卖方尚未与客户形成较为紧密的合作关系或卖方在客户处的份额较少时，可采取让步或条件策略，优先考虑市场突破，并协商一些赢得后续交易、提升未来收益的条件；对于非战略客户，在卖方与客户已形成紧密合作关系的情况下，可采用盈利优先策略；面对非战略客户，在卖方尚未与客户形成紧密合作关系的情况下，可采用游击战策略，选择性进行交易，避免风险，专注利润。

明确谈判目的和策略后，需要进一步收集信息，细化谈判目标，包括但不限于预计签约额价格段、替代条款、最低单价、必赢目标地区/业务单元、违约金比例等。此时，除非客户方先行撰写合同或客户方规定标准模板，销售团队可着手撰写合同，并将谈判目标具象化到相关的合同条款中。

接下来，需要制订洽谈计划。销售团队可识别谈判点，厘清谈判点对双方的价值和风险。销售团队可针对每个谈判点拟定可行方案，包括最佳方案、可接受方案、底线方案、替换方案（如用团队成员调整替代违约金等）。对于双方都视为高价值、高风险的条款，谈判难度较大，卖方要充分了解客户方设置相关条款的底层顾虑，以便应对。那些对客户而言价值低、风险低、卖方投入较高的条款，或对客户而言价值高、风险高、卖方投入较低的条款，双方更容易达成一致。厘清谈判点和可能方案后，需要安排谈判日程，将容易达成一致的条目优先进行讨论，然后在其他条目上逐步取得一致。

最后，执行洽谈计划和处理极端情况。销售团队应在关键采购时间节点的要求下制订洽谈计划并推动执行。有时团队会遇到极端情况，此时团队可视情况采取换人、通过静默等待把时间压力转移给对方、加强非正式关系/建立友谊、暂时离开、强化优势等方式。无论出现何种极端情况，都要求销售团队能够在坚守己方的谈判目的、收集竞争对手的情报、识别客户真正的顾虑和下一步动向的基础上推进谈判。

在实践中，合同洽谈通常基于一方给出的合同草稿或标准模板。少数团队会对合同撰写分工提出疑问，探讨到底是由客户责任人来撰写合同还是由售前人员、交付团队来撰写合同，抑或是否需要专门负责合同撰写的商务团队介入，以及法务人员在其中到底是"运动员"还是"裁判员"。不同的品类销售涉及的合同内容有所差异。有些较为简单，技术条款、商务条款在一份合同中包含完整；有些则包含相关附件，如质量管理、供销协同、仓储物流、数字化系统对接、备件供应、项目治理及变更管理、保密与知识产权保护等子协议。面对不同的情形，各公司的分工有所不同，大体原则是让有能力承诺的团队撰写相关的条款，销售负责人及其小组成员负责商务条款和合同总成。大型项目的合同有时需要法务人员介入合同撰写环节，及早规避合同风险，并在内部初步评审后，展开客户洽谈。双方完成合同洽谈后，启动合同审批和签章程序。

需要注意的是，合同洽谈环节应始终保持团队协作，促进项目范围、质量、成本的联动调整；团队在RFQ或RFP阶段应尽早就风险条款进行识别和沟通，切勿单单为了获取销售业绩而让企业陷入"开放性"风险之中；团队需要主动识别和定义"谈判点"，避免陷入被动。

8.2 预算与付款里程碑

在合同的价格洽谈中，要始终关注收益性。无论是方案和交付细节相对投标时有所调整或细化，还是合同洽谈过程中客户要求降价，卖方都需要针对合同或未来的履约界面来形成预算。

预算的成本结构、利润计算方式需要与概算保持一致，这样团队才能更为清晰地关注项目的财务变化。在报价权限内，销售人员可依照客户要求在合同阶段再行提报修改后的价格，新报价对应的利润需符合谈判目标。

在结合息税计算的前提下，价格与付款里程碑、其他付款条款（如赎期）可交叉谈判。比如，如果早些完成现金付款，考虑利息的获取，可将总价略微下调，力求早日落袋为安；或在对方提出降价时，要求缩短赎期等。这些交叉谈判有利于回款和对现金流的保障。

项目型或项目+订单型销售模式中，付款里程碑也需要在合同洽谈阶段进行合理设计。

我曾经有个客户，要从销售设备转为销售解决方案，就在刚刚转为解决方案销售时，付款里程碑为1、9结构，首付款为10%，终验后收款90%，或留有最多10%的质保款。由于项目周期较长，这种付款里程碑结构导致企业整体现金流非常不稳定，甚至出现好几个月没办法给员工报销而终验回款后现金流陡然上升的情形。要么没钱，要么突然进一大笔钱，这让企业的现金流规划艰难而保守。

为了避免这样的情况，企业需要尽可能均衡地设定付款里程碑。依据交付内容的不同，企业可设定首付款、有形产品的到货款、零到多个里程碑款、初验款、终验款、质保/服务款。除少量质保/服务款外，其余款项尽量保持均衡的付款节奏，如每隔2~3个月就有一笔回款。均衡的付款里程碑设计可以避免企业的现金流波动过大，有利于企业的现金规划和资金稳定。

8.3 分级审批

合同评审和标前评审类似，同样分为两个环节。第一个环节，由相关专业人员分别从解决方案、交付评审、商务、法务和财经等方面进行专业评审。这些不同专业的评审，重在给出专家意见，通常不驳回。评审过后进入第二个环节，即综合评审环节，由相应级别的销售决策团队从交易的完整角度来全面评审合同的技术和商务相关条款，保障合同的可交付性、可验收性，保障合理收益和风险可控。为了加快评审周期，企业依然可以在合同阶段采取分级评审的方法。也就是说，对比较小的、成熟的项目简化评审过程，对大型、战略型项目加强质量和收益管控。除了从流程方面来分级简化，还可以从决策层级上来分级简化，即低级别项目由执行层直接决策，高级别项目要上升到相应的层级（如销售大区或公司层）完成评审。

8.4 避免签审不一

我曾经有个中型软件行业客户，在一单交易发生多年之后，公司发现这个合同存在一个开放式漏洞。该漏洞允许客户在合同期后，将卖方的IT系统无偿用于客户向他人提供的外部商业机会。对这单合同进行反查之后，法务发现，最终盖章的版本并非他最终评审的版本，这个带有漏洞的条款是在法务评审后添加上去的。类似这样的签审不一的情况并不多见，然而一旦出现，就可能为企业的风险控制带来更大的不确定性。

避免签审不一，简单的办法是引入电子签章平台，或利用数字化手段对评审后的合同添加水印，在签章前协助盖章人员完成自动化校验。如果暂时不引入数字化解决方案，可由签章人员进行人工核对后再行盖章。

8.5 合同备案与发布

合同签订后，合同文档需要由相关部门进行妥善登记和保管。为了支持进一步交付和项目财务管理，有些企业会将合同的关键信息（如交付时间节点、付款金额及里程碑等）录入系统。在信息流驱动业务流的情形下，合同的结构化录入、复核、发布尤为重要。一旦合同进入"发布"或"激活"状态，则意味着后端交付团队要正式组织团队，以合同为履约界面开始工作。

纸质或电子合同需要依照公司的档案管理规定予以备案。

8.6 赢失分析

鉴于合理的商机转化率，除少数资源禀赋的企业外，大部分企业都难做"常胜将军"。无论企业有没有赢单，都有必要总结销售经验，争取下次可以用更优的方式来改进销售过程，这被称为赢失分析。卖方可在两个场景下启动赢失分析：场景一，投标阶段不幸丢标时；场景二，合同签订完成后。

不少销售团队都已经开始使用赢失分析，然而普遍存在流于形式的问题，如简单地把输单原因归结为产品、价格、竞争、客户、商务关系等问题。这样的赢失分析往往缺少"操之在我"的视角，难以用来支持持续改进。

为了改进类似问题，企业可从"需""人""领""值""采"几个维度来分析赢单的差距或丢单的原因。具体的考量要素可参考1.3.4节中的相关内容。针对每单完成赢单或输单的促成要素分析后，还要关注在不同案例中重复出现的因素，识别影响销售成败的模式和趋势，评估己方相对竞争对手的优劣势，并进行持续改进。改进的策略可涉及产品改进、定价调整、客户关系提升、销售技能加强等方面。实施行动计划后，企业需要持续监控改进进展，并根据需要调整策略。

赢失分析不应是一次性的，而应是一个持续的过程。通过定期的赢失分析，企业可以不断优化销售策略和方法，提高业绩。

8.7 阶段目标、行动、关键输出

本阶段力求达成签约额或合同额、预算利润率、商机转化率或赢单率目标。签约额并非收入，履约过程中交付物或产品的风险物权转移是确认收入的前提。商机转化率或赢单率由销售立项、标前引导、投标、合同洽谈与签约共同促成，并非在合同洽谈与签约阶段一蹴而就。除此之外，合同评审周期也是控制要素之一，它反映流程周转的速度，影响资金周转。

在本阶段，销售团队需要完成合同撰写与洽谈，关注谈判目的、策略、目标的拟定和达成，管理好预算和付款里程碑，组织推动合同评审，保障合同的可交付性、可验收性，保障合同的合理收益和风险可控。签章环节需要避免签审不一。合同需要被妥善备案和发布。

本阶段的关键输出是合同、合同评审单。

8.8 本阶段的关键角色及职责

在合同洽谈与签约阶段，客户责任人负责牵头拟定谈判目的、策略、目标，协同售前责任人、交付责任人识别谈判点，拟订谈判计划并推动执行。同时，客户责任人负责牵头起草合同，完成合同洽谈，推动合同签章。客户责任人对合同洽谈和签约结果负责。

售前责任人需要配合客户责任人准备相关技术资料或条款，配合识别谈判点并执行谈判，重点关注与解决方案相关的条款。

交付责任人配合客户责任人准备交付相关资料或条款，配合识别谈判点并执行谈判，重点关注项目交付和与后续服务相关的条款。

部分企业有单独的商务部门，负责协助起草合同、推动评审，进行合同复核、备案和发布。

8.9 思考总结

- 合同洽谈与签约的主要步骤包括哪些？
- 合同洽谈包括哪四个主要环节？
- 在合同阶段应如何管理预算？
- 在项目型、项目+订单型销售模式中，如何通过设定项目付款里程碑促进回款稳健？
- 怎样可以更加有效地借助赢失分析促进销售过程的持续改进？
- 合同阶段的关键输出包括哪些？
- 合同阶段通常涉及哪些人或角色？他们如何分工？

第 9 章

合同履行到回款：实现收益

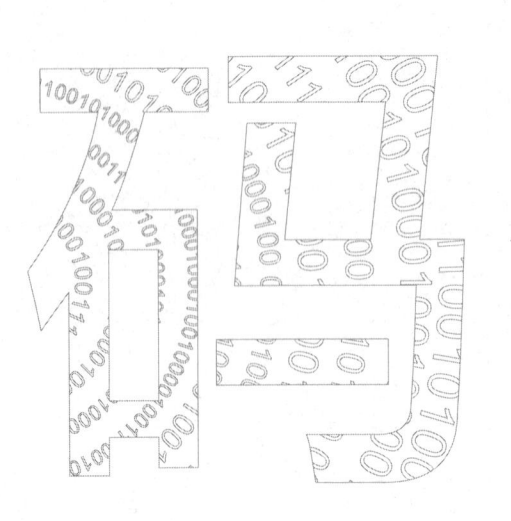

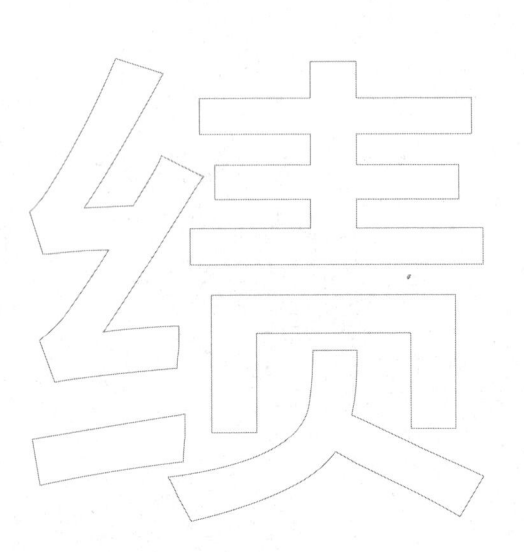

9.1 合同履行涉及的主要工作

就不同销售模式而言，合同履行涉及的主要工作也有所差异（见表9-1）。大体来讲，项目型、项目+订单型交付会涉及四类工作，包括项目及交付安装管理、供应链管理、订单管理、财务管理。订单型交付不涉及项目及交付安装管理，其余几项均涉及。其中，我把订单管理从供应链管理中单独拎出，使其作为承载客户交付需求的载体，确保对项目交付范围、关键交付时点的牵引，加强交付异常的提示和管理。

表9-1 合同履行涉及的主要工作

	项目及交付安装管理	供应链管理	订单管理	财务管理
项目型	是	是	是	是
订单型		是	是	是
项目+订单型	是	是	是	是

项目型、项目+订单型交付更为复杂，以下各节将对这两种场景中经常出现的实操性问题进行介绍。项目管理并非本书的阐述重点，但项目管理对项目型、项目+订单型交付非常重要，感兴趣的读者可另行参照PMP相关内容。

9.2 事成人爽的项目收益

项目收益可以被总结为"事成人爽"。其中，"事成"意味着交付完成且被验收，合同中约定的收入被达成，以及成本、费用符合基于合同制定的预算；"人爽"意味着干系人满意。

交付团队要管理好很多要点，才有可能获得收入。原材料的齐套备货是首个要点。交付团队需要提早协调供应商或内部制造职能，确保主辅料无一延误，能够在中心仓、前置仓齐套（主辅料配套齐全）送达客户，或依照具体情况在客户处完成齐套。在客户端，团队成员需要确保货物及时、准确地到达客户手中，实现及时、准确到货。项目总监或项目经理需要及时调度资源，按时按质完成安装，并组织客户完成验收。验收后，应及时协同财务人员完成收入确认。

成本和费用管理则同时有赖于项目经理的努力和公司组织能力的建设。项目经理的努力不言而喻，比如加强项目范围、效率、成本、质量、风险等管理，降低采购成本，降低人员工时和差旅费用等。公司组织能力的建设则体现为研发支持、单位工时管理、项目管理基线优化、知识管理等。

公司组织能力建设中，研发支持最为重要。首先，在产品设计之初就需要考虑后续的交付安装便捷性，并随着交付经验教训的积累逐步优化交付，缩短可能的交付工时。这可以通过一定程度的模块化、优化生产工艺、实际缩减交付标准工时、随产品附加清晰的交付安装指导手册等方法来实现。有些企业通过渠道商完成客户侧的交付安装，由于交付安装成本不落在自己企业，因此在研发产品时不注重安装工时，然而整体上下游的利润总量都来自最终消费者，只有把蛋糕整体做大，才能让上下游都从中获益。即便交付由渠道商完成，研发产品时也需要考虑交付的便捷性：一方面，缩短渠道商的交付工时，为渠道商打造更好的利润空间，提升渠道商的合作意愿；另一方面，通过提升上下游的整体利润空间，获得增值部分的利润分配。此外，在交付过程中予以技术支持。在2.2节中，我们提到了业务和产品拓展的过程。在这个过程中，企业完成了以研发团队为主到以交付团队为主的切换。研发团队需要在不同的阶段适度投入客户交付，或支持客户交付中的问题解决。

单位工时管理需要由项目集或项目群管理人员基于各类交付项目的数据统计，根据项目的类别和规模，统计单位工时的分布，根据大部分实践明确或缩短单位工时标准，配以相应的管理要点和举措。对于落后于标准工时的项目，需要分析根本原因，给出"避免拖后腿"的方法。每个项目执行后，需要进行经验教训总结，由项目集或项目群管理人员据此完善整体项目管理方法或项目管理基线。

知识管理则突出体现在项目成员需要的时候，可在事前、事中得到赋能，或能够在知识库中查阅到相关方法、参考文档或案例；事后可再次萃取知识，丰富企业的知识资产。在数智化时代，数据被进一步应用，形成有意义的信息，人们通过对信息的理解和掌握识别到人和事的本质规律，得到知识，而对知识的恰当运用可以形成智慧。当前，部分企业已经在利用大数据、人工智能等技术实时支持和指导员工工作。

"人爽"则意味着企业和项目经理关注项目干系人和团队士气管理。干系人管理是项目交付中经常出现的问题。大多数项目经理尚处于职业发展期，已经积累了部分交付经验，往往更聚焦如何"干活"，但对客户高层沟通、关键决策者和影响者沟通、员工层级客户关系建立重视程度不够。交付项目经理需要在交付立项前或项目入场时对客户高层完成期望访谈并备案，在项目中达成高层期望，依据高层意愿定期与高层进行沟通和反馈。对于关键决策者和影响者，项目经理应依照PMP指导原则，对影响力大、关心项目的干系人就项目进行全面沟通；对影响力大、不太关注项目的干系人进行简单明了的沟通，突出对其利益关注点的回应；对影响力小、关注项目的干系人持续知会项目进展情况，不断增加其认知和认同感；对影响力小、不关心项目的干系人保持最小投入的沟通。在员工层级的客户关系建立方面,驻扎在客户现场的团队和远程交付团队的骨干人员应和客户方的"对口"人员统一交付目标,保持项目的持续沟通,加强人与人间的非正式交流。企业需要对此明确要求,客户责任人、项目总监或项目经理需要为此打造团队建设条件。

9.3 向上交付还是向客户交付

有些企业在交付项目中还采用各部门交棒式的工作方法(见图9-1,面向上级的交付),即由部门指派工作给员工,员工干完后向直线经理"交差",项目经理对员工没有针对项目事务的管辖权,甚至在项目经理要求员工反馈预计完成时间、工作进度或过程交付方案时,员工反馈"和我们领导确认完再回复你",项目经理别无他法,要么再去"刷脸",要么暗自抓狂。同时,项目经理可能来自众多执行部门中的一个部门,导致其缺少面向客户成功来集成所需工作的视角。比如,接受客户委托研发的零部件企业,具备研发背景的项目经理关注了研发和工艺,但没有提早介入物流,在协调物流发运时发现物流包装和卡车空间不匹配。

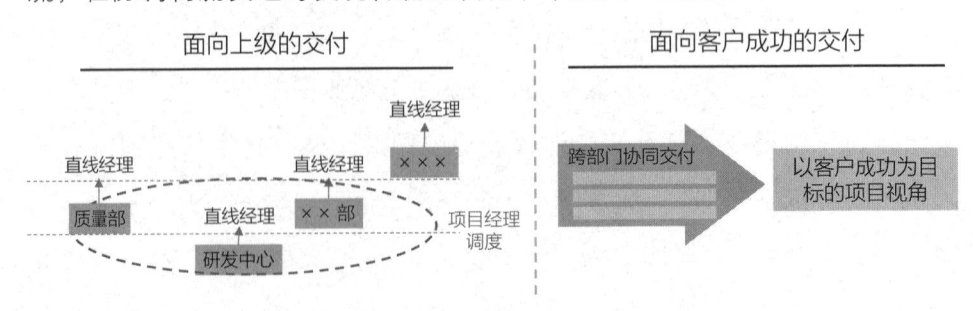

图9-1 向上交付与向客户交付对比示意

顺畅的项目管理需要以客户成功为出发点,项目团队以此为统一交付目标，协同制订计划并管理好不同职能活动步骤的依赖关系（见图9-1，面向客户成功的交付）。这种方法需要一定的项目管理机制作为保障，比如赋予项目经理一定的人力资源绩效建议权、财务审批权、项目细节知晓权、跨职能专家的申请调度权等。在这些机制的保障下，项目可更顺畅地执行，整体减少返工和无效等待，工时成本更加可控，项目经理面向客户进行沟通时也更有把握。

9.4 计划集成

就像我们约朋友吃饭要提前预订餐馆，企业做事情所需的资源也需要被提前规划和预订。通常来看，工厂和产线建设、供应商能力提升、物流网络协同建设、长周期物料的获得等周期较长，需要提前较长时间依据需求评估和预测；短周期原材料的供应商备料时间不需要很长，企业提前一定的时间预测、准备即可。补货或订单生产发运时间更短，需要在前期资源有准备的前提下调度执行。考虑这些事务所需要的提前预测和确定的周期不同，可以根据宏观、中观视角把计划协同区分为长期计划协同、中期计划协同、短期计划协同、执行四个渐进阶段（见图9-2）。长期计划协同关注战略资源布局，旨在提升资源投资的有效性。它始于战略规划，基于战略目标、举措、未来业务组合和市场分布调整产能、供应布局，并完成组织和人力资源规划。中期计划协同聚焦供应链，旨在优化供应链效能。它基于中期销售的预测或计划，调整渠道布局，执行产能预分配，按需启动策略性外包或扩充产线，确定或优化供应能力及运力。短期计划协同主要基于月度销售预测或销售计划，与供应商、工厂确定准备程度，为供应商备料提供输入，或向供应商下达正式采购订单。在供应商距离企业较近，且双方配合较为紧密的情形下，正式采购订单可纳入执行环节来管理。执行环节则依据库存或者订单来调度资源，完成生产和交付。以上长期、中期、短期的参考周期分别在三至五年、半年到一年、一到六个月——请注意，这里是参考周期，并非标准或一成不变的时间，具体的提前周期需要参照各企业的行业特色和供应链能力来详细制定。

宏观、中观视角

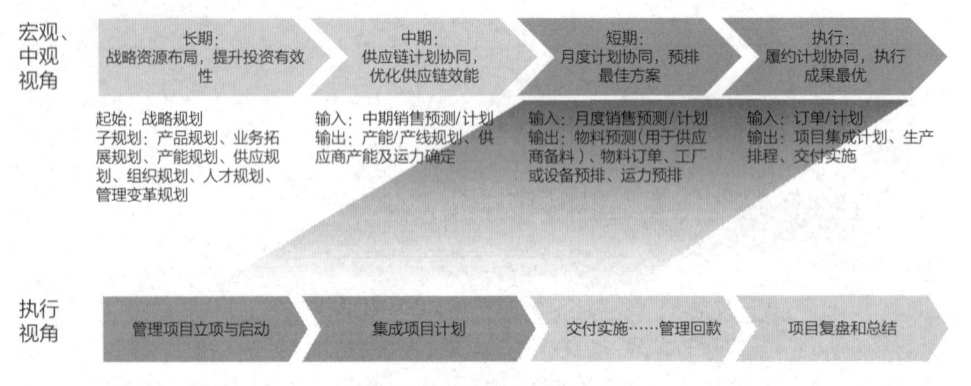

长期：战略资源布局，提升投资有效性
中期：供应链计划协同，优化供应链效能
短期：月度计划协同，预排最佳方案
执行：履约计划协同，执行成果最优

起始：战略规划
子规划：产品规划、业务拓展规划、产能规划、供应规划、组织规划、人才规划、管理变革规划

输入：中期销售预测/计划
输出：产能/产线规划、供应商产能及运力确定

输入：月度销售预测/计划
输出：物料预测（用于供应商备料）、物料订单、工厂或设备预排、运力预排

输入：订单/计划
输出：项目集成计划、生产排程、交付实施

执行视角

管理项目立项与启动　　集成项目计划　　交付实施……管理回款　　项目复盘和总结

图9-2　渐进资源协同示意

如果企业涉及的长周期项目较多，或随着订单增长需要扩建产线，那么可以考虑在投标阶段（参考第7章）就开始结合赢标概率进行要货预测。否则，可在合同签订后，在项目层面展开渐进计划协同。

项目层面的渐进协同包括中短期、短期、执行三个环节。在项目立项和启动过程中，项目制订主计划，对应中短期需求。根据主计划，项目需要制订资源计划和物料到货计划。如果资源或物料不能按时获得，则需要调度职能部门进行资源准备，如人力资源招聘和培训、分包商采购和培训。主计划下设里程碑计划。里程碑是项目的重要节点。比如，项目的概念制定、设计、开发、测试和部署，它们标志着项目的关键阶段完成或重大成果产生，通常是上一阶段的结束和下一阶段的开始。在里程碑节点，项目相关的各技能团队需要集合碰头，再次对齐进度、成本、质量和风险。里程碑计划对应短期的需求计划，通常按月更新。这需要项目经理牵头按月进行资源匹配、资源统筹和齐套检查，对于识别出来的资源缺口，需要推动相关职能部门协调解决，直至得到闭环确认。在执行环节，项目团队要按计划进行资源调度、物料供应调度，并受到资源冻结周期的保障。在冻结周期内，比如提前一周，企业内部管理资源的相关职能需要按照约定把资源送达到位。

确保资源按时到位，是项目管理的要求之一。为了保证项目的高效执行，还需要对关键日期进行管理，确保上下游活动时间的连贯性，如前序活动的完成时间应小于后续活动的开始时间，且前序活动的完成时间与后续活动的开始时间差距较小。这背后是一系列及时或按时的资源调度与活动执行。只有这样，才能最大限度地避免人等货、货等人的现象。

要实现上下游活动连贯、协调，就要将资源计划与里程碑或任务、活动计划进行集成，比如物料采购订单的到货时间应小于所需生产交付活动的开始时间。除了物料到货计划的集成，还可以考虑分包资源的采购计划、人力资源计划、设备设施资源计划等。这个过程也被称为项目计划集成。

9.5 项目中的预算、核算、决算

本书在7.4节中提到了投标阶段的概算，在8.2节中提到了合同环节的预算。在合同签订后，交付团队需要以法定履约界面为基础，采用或更新最新版预算，作为后续项目成本控制的参照基础，简称成本基线。在客户交付项目中，被正式发布的项目预算不仅是成本控制的参考基础，也是收入、项目贡献利润的基线。项目经理、项目财务控制等人员需要在每个里程碑对项目的财务情况进行复盘，对比基线，识别差距并采取相应的解决措施，这类活动被称为核算。

在项目交付活动完成、合同（含合同变更和补充合同）约定的收入完成确认、不存在回款风险的前提下，企业可启动决算，最终评估该项目履约的收益情况。核算、决算结果可被酌情用于项目绩效考核。

至此，项目的四算，即概算、预算、核算、决算已经完成。项目的财务四算为客户交易的收益达成提供了过程保障，是财务控制的重要抓手。

9.6 回款管理

回款对保障公司现金流的健康起到非常重要的作用。尽管回款的业务环节发生较晚，有些企业在一年的最后一个季度才加大回款力度，寻求快速回款之法，然而此处仍有必要明确，对回款保障最有利的环节是合同环节。

本书在8.2节中提到付款里程碑的管理。为了财务的健康稳定，需要尽量拆分可验收的里程碑，每两到三个月设定一个付款里程碑。付款里程碑有助于提高现金流，并且在买方发生信用问题时，卖方可在合同违约条款的保障下拥有止损机会。在合同中，也可对价格和付款条款进行交叉谈判，或设定早期支付的优惠条款，如折扣或利息差额抵扣，以经济激励促使客户快速回款。销售团队还需要在合同中明确付款条件，包括付款方式、付款期限、延期付款利率等，确保客户清楚自己的支付义务。

客户验收后，交付团队需要保存好客户验收单，并协同销售人员提前与客户的财务部门或决策层进行沟通，确保他们对付款流程和时间线有清晰的认识。与大客户打交道时，销售团队可尝试了解客户的请款流程，按照客户的流程节点逐个推进客户付款。

如果发生长期未回款情况，则客户责任人要紧跟客户的业务责任人、购买决策者、财务负责人，先厘清造成拖欠的原因，再针对不同情况采取相应的回款策略。同时，需要协同财务人员定期与客户完成对账，必要时还可寻求高层介入沟通或采取法律手段进行催收。

除处理单笔交易回款外，企业还需妥善管理应收账款并建立回款监控机制。在该机制下，及时跟踪项目回款进度和付款情况，对超时未回款的款项应推动销售团队及时解决回款问题。如果应收账款问题较大，企业应启用信用管理机制，提前评估客户信用风险，在客户信用范围内催促交付。

9.7 阶段目标、行动、关键输出

本阶段的目标是通过顺畅交付获得收入和回款，控制成本和费用，建立多层级客户关系，达成客户满意。

项目型及项目+订单型交付需要执行项目及交付安装管理、供应链管理、订单管理和财务管理。订单型交付相对简单，大部分工作为订单管理、供应链管理和财务管理。

本阶段按照合同界面完成履约，涉及项目管理的交付可依据企业规模选择执行项目四算。项目关闭前应进行经验教训总结，并交由项目集或项目群管理人员更新项目管理基线。

9.8 本阶段的关键角色及职责

在交付阶段,团队从合同前由售前人员牵头工作,转变为由交付责任人牵头工作。交付责任人可指定项目经理或骨干来推进项目工作。项目经理对项目交付的过程控制、收益实现和交付满意度负责。

9.9 思考总结

- 三种基本销售模式的合同履行工作有哪些差别?
- 如何保障项目的收益实现和客户满意?
- 面向上级领导的交棒式交付和以客户成功为目的的项目交付有哪些区别?两种方法的优劣势分别有哪些?
- 集成计划的目的是什么?如何实现?
- 什么是项目四算?四算的作用是什么?它们分别在哪些环节被管理?
- 回款管理的要点有哪些?

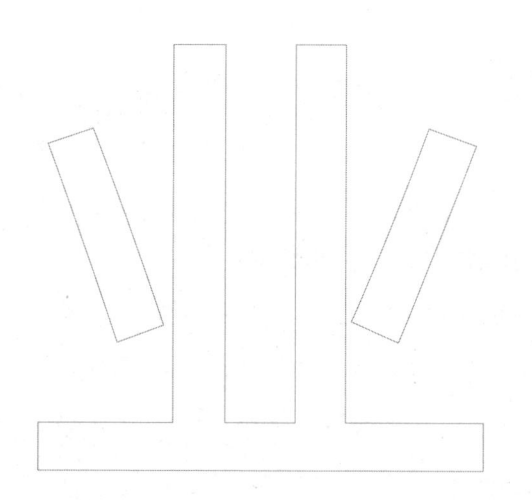

第 10 章

销售管道管理：从逐一过单到驾驶舱

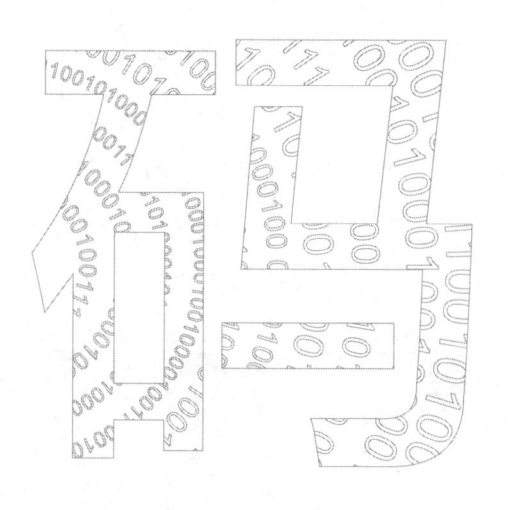

10.1 从逐一过单到有点有面

小型公司和中、大型公司在销售复盘方面存在很大不同。小型公司在销售复盘会议中，通常逐个过单。销售人员在销售副总或总监坐镇的会议中，一个一个汇报当前正在跟进的项目，包括项目所处的阶段、已经建立的干系人关系、干系人与我方和竞争对手的商务关系等级、已完成的工作、下一步工作、当前风险、所需支持等。销售副总或总监在聆听汇报后，通常会先肯定团队的工作，再适当追问，以便进一步分析"正常推进"背后的真正痛点和问题解决方案。随后，针对不同客户或销售机会，制定详细的跟进事项清单。小型公司这样做再正常不过，然而当企业慢慢变大后，这种逐一过单的方式会让公司陷入低效管理之中并丧失焦点。我所认识的一家客户，其销售副总曾经需要每周花一整天的时间来逐一进行各大区的销售复盘，因为销售副总对管辖范围内的大金额商机非常清楚，但对各区域团队能力的瓶颈识别不足。

当公司成长到中大规模时，则需要采用"有点有面"的管理。首先，销售管理层需要对所有线索、机会的进展和转化完成整体分析，识别各区域或业务单元的差距和转化瓶颈，针对性地推动销售方法改进或团队整体能力提升，这也被称为销售管道管理。同时，销售管理团队还需要关注重点项目的支持和推进。

三种不同的销售管道喇叭口大小、胖瘦有所不同，如图10-1所示。其中，喇叭口大小代表进入销售管道的线索数量或线索总金额大小；后续管道越粗，说明线索的转化越多。相反，如果管道急剧地由粗变细，说明相关环节转化率不足。

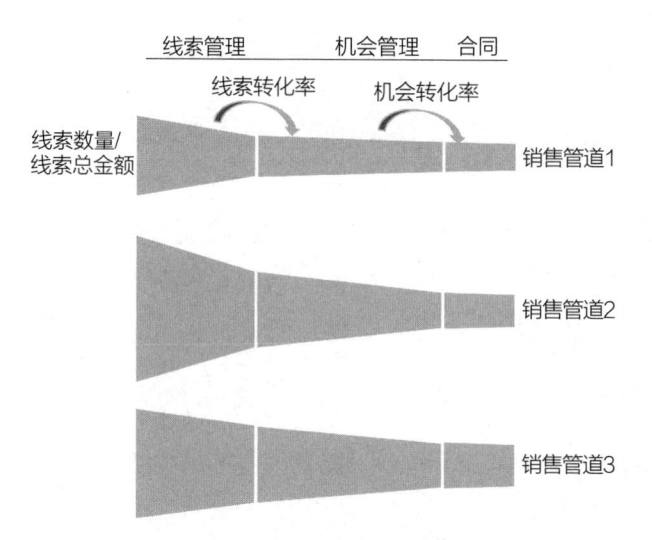

图10-1 销售管道的健康度对比

在图10-1的示例中，"销售管道1"的喇叭口相对较小，说明线索数量较少或线索总金额比较低，基于这样的线索数量或线索总金额，尽管后续的线索转化率尚可，机会转化率也比较高，但能达成合约的销售项目在三个管道中最少。

在"销售管道2"中，喇叭口被充分扩大，说明进来了很多销售线索或线索总金额较高，转化成商机的有很大一部分，然而从商机到签约阶段可以看出赢单率（机会转化率）并不高，因此在这样的管道中需要提升团队的控单能力。

在"销售管道3"中，销售线索数量或线索总金额大于"销售管道1"，小于"销售管道2"，但后续的转化都较为健康，这暗示线索的质量比较高，且销售团队的控单能力较好。

企业可依据示例对线索、商机、金额、数量、转化率等进行统计分析，识别管理瓶颈，尽最大可能改善销售管道的健康程度。

10.2 销售预测与目标管理

商场如战场，企业需要搜集大量的情报，尽管有时很难获得充足的信息；还需要不断监控销售进展，评估目标达成情况，及时调整战术。销售预测与目标管理流程如图10-2所示。

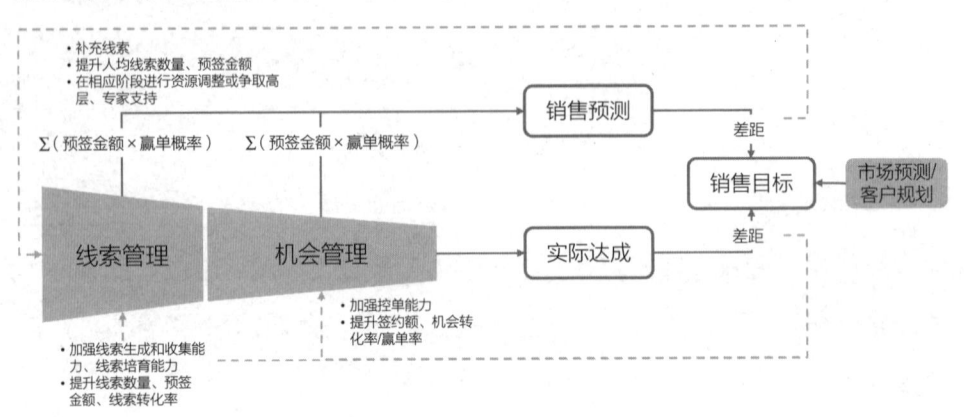

图10-2 销售预测与目标管理流程

根据市场预测或客户规划，企业可设定长期（通常为3~5年，行业存在差异）销售目标和年度销售目标，并将其分解到季度、月度。企业可在过程衡量指标（如线索数量、平均预签金额、线索转化率、机会数量、平均机会金额、合同金额、机会转化率等）中选取差距较大、更容易影响销售结果、能够落地和计算的指标作为细分目标，并将其分解至季度、月度、部门和人。有些企业仅将销售金额分解到人，这样难以管控过程，一旦发现差距，则只能"事后收尸"。并非所有指标都需要作为KPI与工资挂钩，有些指标可不作考核，仅用于过程监控、问题补救和策略调整。2B业务市场预测通常有三种方法。第一，通过购买外部报告来完成；第二，通过识别可能的潜在购买客户，判断影响其采购的业务逻辑和关键因素（如最终消费者的市场规模），预估他们的购买潜力；第三，对大客户而言，客户规划是市场预测的主要抓手之一，详情可见2.4节。

设定好目标之后，企业可通过销售预测来识别目标差距，并针对识别出的差距分析根本原因，推动销售纠偏。销售预测可借助线索预签金额×转化率的推总，加上机会预签金额×转化率的推总来计算，根据预签日期来按月统计，由此推算出预计达成的销售金额。假设销售周期为3~6个月，那么5月时就可以计算出后续直至11月甚至更久可能达到的销售金额，再结合5月已达成的销售金额就能推算出年度销售总额。如果发现目标没有完成，最好的纠偏方案是马上补充销售线索，想办法培育出更多有效线索，或加强控单能力，提升赢单概率。

对于销售预测推总，不同企业的方式有所区别，核心差异在于赢单概率的计算和使用。

可以先来看赢单概率的计算。不少企业认为随着销售过程从线索向合同阶段的推进，距离签约越近，赢单概率越大。比如，将线索阶段的赢单概率设定为10%，销售立项阶段的赢单概率设定为25%，标前引导阶段的赢单概率设定为50%，投标阶段的赢单概率设定为75%，合同阶段的赢单概率设定为100%。无论具体数字为多少，对于身处非充分竞争行业的卖方，这个按照进展程度不断提升赢单概率的逻辑看似合理，然而面向充分竞争行业时，这样的计算方法可能会导致企业失去对竞争态势的敏锐判断。这不难理解。比如，在投标阶段，客户邀请了3~5家供应商参与其招标，除非客户要求三家或两家供应商合作，否则当前两家供应商不分伯仲，最后要靠价格决定去留，而后一家的客户印象分又没有前两家高时，前两家的中标概率就要高于第三家。由于客户心理排序的存在，不太可能对三家都按上述赢单概率计算方法，严格控制到75%的中标概率，毕竟三家中至少有一家的不中标概率会相对更高。而当只有一家供应商参与单一采购或两家供应商参与比稿时，赢单概率又需另做计算。

那么，如何测算赢单概率呢？要了解谁更有可能赢得客户，我们还要回到如何影响客户的购买决策这个问题上。这时，就要再次回到"需""人""领""值""采"上。

赢单概率评估要素示例如表10-1所示。企业可从这些要素和权重开始，逐步调整要素和权重，迭代出能够接近实际转化结果的计算方法。

表10-1 赢单概率评估要素示例

标准	评估要素示例	权重			
		线索阶段	立项及标前引导阶段	投标阶段	合同阶段
1. 管理需求	全面了解客户痛点、价值诉求、情绪和心理需求，并与干系人确认	40%	20%	5%	5%
	机会紧急程度或问题的严重程度、重要性				
2. 影响决策	关键决策者客户关系	15%	30%	25%	20%
	关键影响者客户关系				
	客户教练及责任人关系				
3. 领导销售	客户愿景激发	30%	20%	20%	10%
	客户发展与支持				
4. 构建双赢	方案满足客户需求的程度	15%	25%	20%	30%
	方案对客户的价值				
5. 支持采购	报价价位	0%	5%	30%	35%

企业计算赢单概率之后，还需要借此进行销售预测。有些企业会将所有线索和机会按照赢单概率加权汇总，无论赢单概率是多少。然而另一些企业不这样做，它们认为赢单概率低就不应该被算入销售预测总额，因为客户识别到有意向的供应商后几乎没有理由去选择印象分差的供应商。因此，这些客户仅仅把赢单概率超过50%的线索和机会筛选出来进行加权汇总。后一方法虽然保守，但对客户数量不多的企业而言，这样的谨慎预测会加大销售过程控制的力度，更好地保障目标达成。

10.3 销售报表

销售及订单数据可被用来做同源、同口径的多维分析，帮助不同的部门来优化效能。表10-2给出了销售报表的分类简介。其中，行标题代表报表的分类及分析内容、目的，列标题代表相关类别的报表可以服务的部门，灰色交叉单元格代表上方部门应被授权查阅该单元格左侧对应相关报表的权限。

表10-2 销售报表的分类简介

		经营管理	产品线	市场人员	销售管理	销售一线	产品/项目	生产/物流	财务	人力资源
目标达成	• 分析公司整体、部门或产品线各年度、季度、月度的签约额、收入等目标达成情况	■	■		■	■				
市场情报	• 按年展示未来几年目标客户产品的预计销量，便于销售经理圈定目标产品，便于各级领导查阅高潜客户产品与当前线索覆盖的差异	■	■	■	■	■				
客户管理	• 监控客户销量、销售贡献排名等，支持客户策略制定	■	■		■	■				
销售管道	• 对线索数量、线索转化率、机会数量、赢单率、预签额度、产品单价、销售额、销售毛利等进行整体监控、评估，及时调整销售策略 • 对单个销售项目进行进度跟进，识别销售项目瓶颈				■	■				

续表

订单履行	• 监控订单预测与履行情况 • 识别订单履行瓶颈，分析原因并做出相应调整 • 监测订单回款情况								
销售团队管理	• 查看各部门人员工作效能，识别低效区域并进行业务改进，为未来人员规划提供输入 • 客户拜访情况统计								
价格分析	• 就历史价格、量价进行分析，提供报价评价和谈判依据，识别降本空间								
产品营销	• 根据产品销售数据对比分析调整产品组合、价格 • 分析新产品推广有效性 • 归集产品项目费用、产品利润，支撑产品营利性分析，识别降本空间 • 根据产品收入及盈利分析产品生命周期，支持产品升级或降本								

销售报表可以被用来支持如下分析。

目标达成：分析公司整体、部门或产品线各年度、季度、月度的签约额、收入等目标达成情况，识别目标达成差距，分析根本原因，制定并执行纠偏方案。报表尽量以适当图形展示，力求视觉逻辑清晰，帮助读者更容易地识别目标差距。图10-3展示了合同额达成情况的报表示例，读者可通过"完成率"较为清晰地判断当前的合同额目标完成情况，由此得知距离目标达成是否尚有差距。后续可结合人均线索分析、线索转化率、机会转化率、高赢率项目清单进一步追溯问题瓶颈、识别改进空间。企业在开发报表时，可随之制定报表指引，如超过或低于某值时需要谁来做哪些改进尝试。

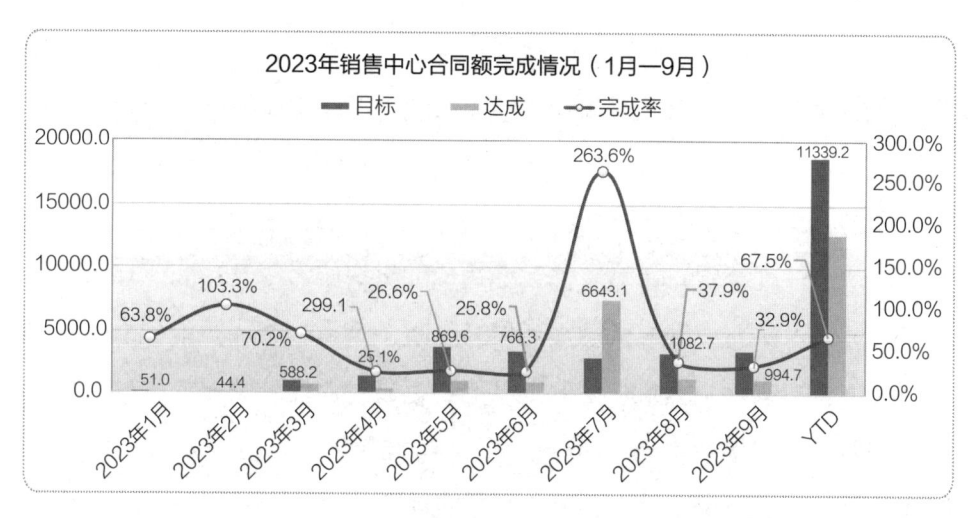

2023年销售中心合同额完成情况（1月—9月）

月份	目标	达成	完成率
2023年1月		51.0	63.8%
2023年2月		44.4	103.3%
2023年3月	588.2		70.2%
2023年4月		299.1	26.6%
2023年5月		869.6	25.1%
2023年6月		766.3	25.8%
2023年7月	6643.1		263.6%
2023年8月	1082.7		37.9%
2023年9月		994.7	32.9%
YTD	11339.2		67.5%

图10-3　合同额达成情况的报表示例

市场情报：项目+订单型销售模式下，企业可基于外部购买或获得的客户产品预计销量来分析目标客户的未来高潜产品与当前自身线索覆盖的差异，基于公司的战略方向和一个战略周期内可承诺的竞争实力锚定更具潜力的线索进行跟进，推进己方销量的"水涨船高"。

客户管理：根据客户销量、订单、服务成本、复购等情况的分析，为客户分类、分级和策略制定提供输入。

销售管道：对整体线索数量、线索转化率、机会数量、赢单率、预签额度、产品单价、销售额、预测毛利等进行整体监控、评估，及时调整销售策略；对单个销售项目进行进度跟进，识别销售项目瓶颈。

订单履行：订单履行情况可被用来支持销售团队掌握订单交付和回款情况，以便对异常订单进行跟进，及时推动回款。

销售团队管理：查看各部门人员工作效能，识别低效区域并进行业务改进，为未来人员规划提供输入；客户拜访情况统计。

价格分析：就历史价格、量价进行分析，提供报价评价和谈判依据，识别降本空间。

产品营销：根据产品销售数据对比分析调整产品组合、价格；分析新产品推广的有效性；归集产品项目费用、产品利润，支撑产品营利性分析，识别降本空间；根据产品收入及盈利分析产品生命周期，按需推动产品升级或降本。

通过合理地规划报表和报表指引，小企业可以完成向中、大企业的越阶，从逐一过单转向保障整体目标达成和组织能力提升，同时仍然保留向下追溯，对重要线索或机会重点展开和逐个保障的路径。就像从骑单车时由人工控制速度，转为开上宇宙飞船后，通过监控驾驶舱的各种仪表盘来获知整体设备设施和飞行健康状况，对报警信息进行深入分析和问题解决。

10.4 思考总结

- 企业从小规模成长到中大规模的过程中，销售复盘的方法发生了哪些变化？
- 如何结合销售预测来加强销售目标的过程管理？
- 销售报表可能包括哪些内容？如何用好这些销售报表？

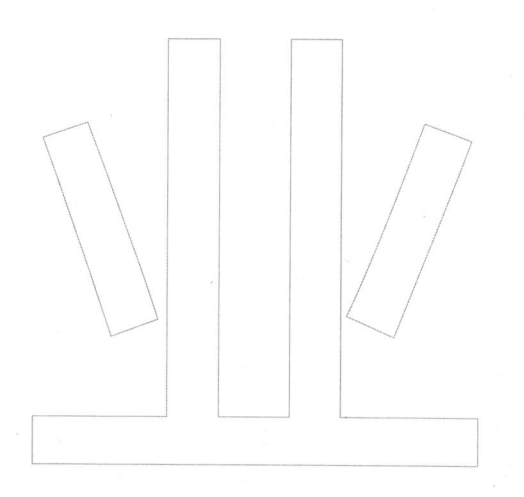

第11章

客户关系管理：生命周期价值

11.1 什么是客户关系

1983年,美国学者贝瑞首次提出关系营销的概念。贝瑞指出,关系营销就是吸引、维持和增强客户关系。之后在服务营销领域,对关系营销更多的共识是需要与客户建立长期、可盈利的客户关系。换言之,缺少"长期"或"可盈利",则无法构成有效的客户关系。

随着政企营销的演进,企业的创新与客户发展之间的关联更为紧密。

2023年9月,为了满足中国电信集团的需求,华为首发了加载卫星电话功能的 Mate 60 Pro / Pro+ 系列手机,瞬间引发抢购热潮。当企业面向客户的战略性需求时,其应对挑战和实现创新的活动也使得自身的产品线或团队能力得到丰富和发展,甚至品牌影响力得以加强。这种买卖双方的深入合作能让双方都从中获益,既能促成共同演进的关系,也能帮助卖方企业实现和获得更高的客户终身价值(Customer Lifetime Value,CLV)。

如果还原客户旅程,从客户的视角识别客户关系管理的要点,则可以将客户生命周期管理分为瞄得准、进得去、站得稳、长得大、跌不倒几大阶段(见图11-1)。

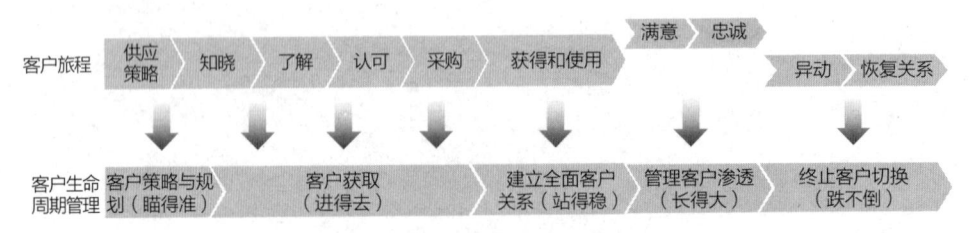

客户旅程	供应策略	知晓	了解	认可	采购	获得和使用	满意 忠诚	异动	恢复关系
客户生命周期管理	客户策略与规划(瞄得准)		客户获取(进得去)			建立全面客户关系(站得稳)	管理客户渗透(长得大)		终止客户切换(跌不倒)

图11-1 客户生命周期管理阶段

其中,在客户制定供应策略时,卖方应同步进行客户分群、目标客户群选定（或定位）及客户策略制定。即使有些客户不会刻意制定供应策略，卖方也依然需要基于客户洞察来对有限的资源进行排布，制定客户群策略。我把这个过程简称为"瞄得准"。客户从不知道卖方到允许卖方进入供应商库或对供应商初步认同，这个阶段简称为"进得去"。从开始做第一单生意并且卖方通过管理线索到回款这个过程与客户建立了更深入的关系，实现了客户满意，这个过程简称为"站得稳"。持续引导客户需求，推动客户复购，被称为"长得大"。终止客户更换或选择其他供应商，被称为"跌不倒"。

在技术迭代加快、外部环境越发不确定、内外部环境日趋复杂的时代，如图11-2中所示的五大客户生命周期管理阶段除需要单独的"管理客户关系"活动外，还需要市场营销到线索生成、渠道关系管理（若需要）、线索到回款这几个阶段活动的紧密集成。这意味着在每个阶段中，市场营销团队、销售团队、渠道管理团队、客户服务团队都需要打破原有的活动边界，展开大力协同。

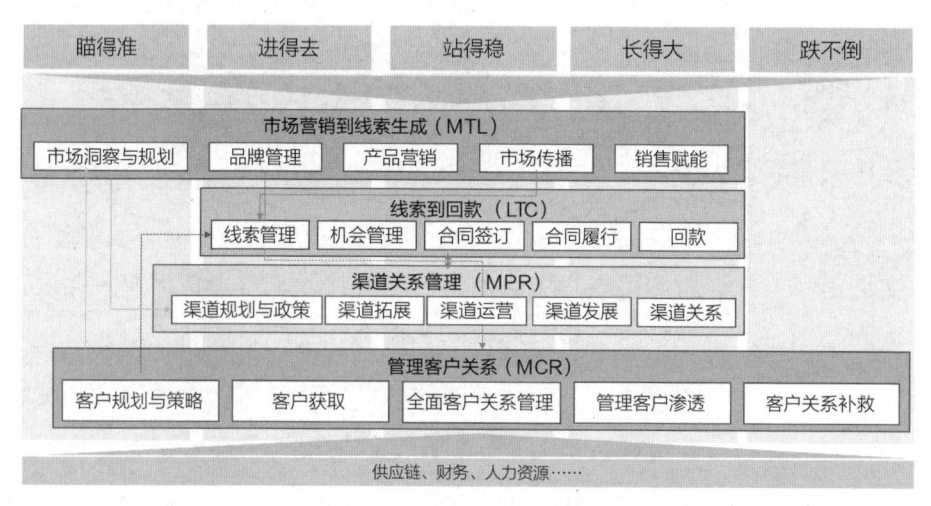

图11-2　客户生命周期管理各阶段对应的活动

鉴于市场营销、渠道管理、销售、客户服务的职能边界逐渐模糊，营销领域的职能逐步集成，可将这样的全新客户管理方式称为集成客户共演

（Integrated Customer Collaboration，ICC）。ICC的管理内容由传统的客户关系管理（Customer Relationship Management，CRM）演进而来，与后者相比，更强调活动集成和跨技能团队的协同。

11.2 瞄得准

谋定而后动。2B、2G业务展开营销之前，需要找到有规模、服务该类客户有助于获得盈利、相比竞争对手本企业更能提供满意服务的客户（参考2.1）。在资源有限的前提下，企业需要根据客户的价值（或影响规模和盈利空间的其他要素）和战略匹配性（或影响卖方服务客户能力的其他要素）对客户进行分群，识别出哪些是更富有战略意义的客户，哪些是数量众多的大众客户，并对不同的目标客户群匹配不同的客户发展策略、营销策略、服务策略（见图11-3）。其中，客户发展策略主要指为客户开发和互动而投入的主要资源、管理客户关系的程度、主被动跟进、客户覆盖和压强策略（大覆盖代表一位客户经理覆盖众多客户，压强代表主动沟通的频次）、定价策略等；营销策略指加强客户知晓和认知、推进销售的主要渠道和方式；服务策略指服务水平、客户体验、质量保障等策略。制定这些策略时，需要针对客户群确保客户旅程中的一致体验，因此营销、销售、交付、客户管理等相关职能需要以团队工作的方式来推进客户策略制定。

为方便读者由浅入深地展开政企销售的阅读，本书在第2章对客户策略与规划也进行了描述。读者可结合第2章内容加强对客户策略与规划的理解，本章不再赘述。

	客户发展策略	营销策略	服务策略

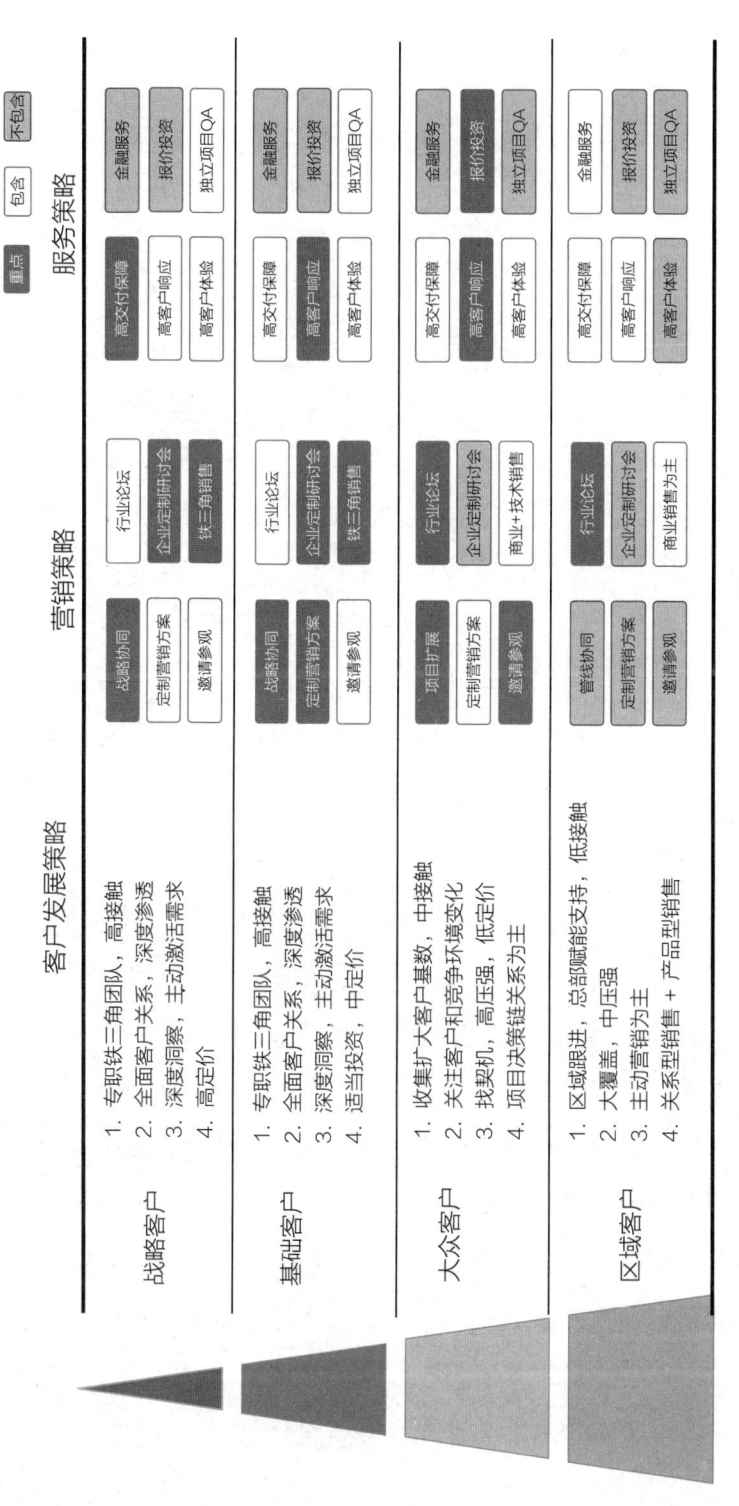

图例：**重点** / 包含 / 不包含

战略客户
1. 专职铁三角团队，高接触
2. 全面客户关系，深度渗透
3. 深度洞察，主动激活需求
4. 高定价

营销策略：**战略协同** / **定制营销方案** / 邀请参观 / 行业论坛 / **企业定制研讨会** / 铁三角销售

服务策略：**高交付保障** / 高客户响应 / 高客户体验 / **金融服务** / 报价投资 / 独立项目QA

基础客户
1. 专职铁三角团队，高接触
2. 全面客户关系，深度渗透
3. 深度洞察，主动激活需求
4. 适当投资，中定价

营销策略：**战略协同** / **定制营销方案** / 邀请参观 / 行业论坛 / **企业定制研讨会** / 铁三角销售

服务策略：高交付保障 / **高客户响应** / 高客户体验 / 金融服务 / **报价投资** / 独立项目QA

大众客户
1. 收集扩大客户基数，中接触
2. 关注客户和竞争环境变化
3. 找契机，高压强，低定价
4. 项目决策链关系为主

营销策略：项目扩展 / **定制营销方案** / 邀请参观 / 行业论坛 / **企业定制研讨会** / 商业+技术销售

服务策略：高交付保障 / **高客户响应** / 高客户体验 / 金融服务 / **报价投资** / 独立项目QA

区域客户
1. 区域跟进，总部赋能支持，低接触
2. 大覆盖，中压强
3. 主动营销为主
4. 关系型销售 + 产品型销售

营销策略：**管线协同** / **定制营销方案** / 邀请参观 / 行业论坛 / **企业定制研讨会** / 商业销售为主

服务策略：高交付保障 / 高客户响应 / 高客户体验 / 金融服务 / 报价投资 / 独立项目QA

图 11-3　客户分群及策略示例

第11章　客户关系管理：生命周期价值　173

11.3 进得去

"进得去",即能够成功与客户建立和拓展关系,需要营销团队与销售团队(包括但不限于客户责任人、售前责任人、交付责任人)、客户服务团队协同完成客户获取,直至获得客户认可或初步认可。市场营销团队负责提升品牌知晓度、认知度、美誉度,打造"知道的品牌""熟悉的品牌""喜欢的品牌",为销售团队的"敲门"工作营造声势。客户管理团队需要管理好客户清单和开发计划,支持客户来访。销售团队需要识别客户级(而非项目级)的关键决策者和影响者,与其建立联系、加深关系,通过战略级沟通、产品和技术级沟通、商务沟通、礼节性拜访等方式展开首次沟通,并进一步挖掘潜在合作机会或销售线索。客户获取即客户关系的正式开始,也是面向新客户时生成销售线索的前序活动。客户获取的细节可参考3.2.2节中的相关内容。

在"进得去"环节,卖方需要与客户内部教练、可能的项目发起者、购买决策者、关键影响者建立关系,争取客户认同,实现压强入围,争取推动合作。鉴于同一客户可能与卖方同时产生多笔交易,客户级别的购买决策者、关键影响者与特定项目中的决策者、关键影响者意义不同,他们大多更了解公司的内部管理,能够借助可获得的资源积极推动己方愿景达成。在客户级决策者和关键影响者中,客户责任人或销售人员需要与"更有企图心和领导力"的关键人员建立伙伴关系,进一步呈现未来的可能性,激发决策者和关键影响者的愿景,成为他们可信赖的资源。在客户方的不同领域,销售人员也可发展多位内部教练,助力其职业发展和个人发展,同时获得有关客户需求、动向和竞争对手的信息。客户责任人、解决方案责任人、交付责任人及其组员可对上述企业关键干系人分别进行"人盯人"的关系管理，评估当前的商务关系等级（参考4.5）及目标关系等级，根据商务关系目标展开进一步行动。以上这些活动可归纳为客户级别的关键干系人关系管理。

11.4 站得稳

"站得稳"要求卖方能够为企业提供令客户满意的解决方案和交付，一边高质量推进"线索到回款"，一边加强管理关键干系人关系和员工层级客户关系。

本书第3章至第9章着重讲述了"线索到回款"的内容。其中，客户内部教练、项目购买决策者、项目关键影响者需要在各阶段被恰当管理。这是项目级的关键干系人关系管理。

同时，在9.2节中，提到了员工层级客户关系的建立。

关键干系人关系和员工层级客户关系的建立与维护，使企业得以在客户侧建立稳固的关系网络，避免由于员工离职带来客户流失或关系减弱。

11.5 长得大

"长得大"环节聚焦客户的持续购买，包括二次购买已经采购过的产品、服务或解决方案（对应卖方的增量销售），也包括与已采购的品类无关的东西（对应卖方的交叉销售）。

商业模式的可持续性影响"长得大"，如果客户在较长时间内只需要购买一次特定的解决方案，后续无须复购，则客户本身的"生命周期价值"受限。

对解决方案可持续销售的企业而言，"长得大"的核心在于对已有客户的深入洞察、持续的需求激活和合作推进。面向大客户时，客户规划成为客户渗透的关键抓手（参考2.4），它始于对客户内外部环境的分析，进而推进合作机会的挖掘、销售目标的预测和制定、单客户市占的锚定，结合客户关键干系人分析，推导出找何人办何事的具体行动计划和所需资源支持。

与客户形成持续合作的前提是客户满意，这基于实际交付价值的实现、关键干系人关系管理、员工层级客户关系管理，以及下文即将展开介绍的组织级客户关系管理、客户期望和满意度管理、客户体验管理。

11.5.1 组织级客户关系管理

2007年，华为还是网络设备提供商，没有划分出运营商业务、企业业务、消费者业务，其手机终端业务也尚未进入公开市场，仅为运营商做贴牌销售。那时，华为的品牌影响力基本限于通信圈内部，收入不足1 000亿元人民币。全球最大的上市咨询公司埃森哲在看到华为的潜力之后，重兵投入华为，与其共同启动了华为CRM咨询项目。双方从CRM项目开始，随后展开了若干子项目，服务规模逐渐扩大。随着合作的深入，华为和埃森哲于2014年宣布正式签署战略联盟协议，共同面对电信运营商和企业信息与通信技术两大市场的业务拓展。此后，埃森哲不仅向华为提供咨询服务，还与华为一同服务第三方客户。几年间，埃森哲与华为的合作关系逐步深入。

买卖双方商业实体之间的关系可被称为组织级客户关系，从浅入深可分为四个阶段，即离散合作、首选供应商、战略供应商、战略联盟伙伴。人在谈恋爱的时候，大都更喜欢选择与自己三观一致、可以让双方变得更好、会聊天、不自私的人。人性的特点同样会体现在组织级客户关系中。两个商业实体要形成比较好的合作关系，首先要基于双方具有共享价值观，而后是实现互惠互利。此外，还包括良好的过往沟通、拒绝机会主义和提高切换成本[1]。卖方可从这几个维度加强组织级客户关系。

打造共享价值观。卖方可以在文化和理念层面来增进双方的认同，包括加强企业文化、管理理念和方法、前瞻技术思考等方面的交流学习，也可以在项目或项目群的层面，对双方的优秀人才进行评优和奖励。

持续推进互惠互利。如果卖方的交付品类对客户而言非常重要，市场上的类似或替代供应商少，而且交付复杂，那么此时客户与卖方形成较好的伙伴关系则更有利于客户按时按需获得高质量的产品或解决方案。在这种情况下，卖方需要定期对客户进行深入洞察，理解客户的战略，推进双方在战略层面的沟通分析和合作机会匹配，并在后续交易中达成令客户满意的交付，支持客户价值实现，助力客户战略发展。而当卖方的交付品类对客户而言价值不高，供应商数量众多时，卖方则应打造持续降本的能力，一方面赢得竞争，另一方面帮助客户按时按需获得较低成本的外部资源。同时，做了好事要留名，卖方需要尽力把对客户的价值显性化并呈现给客户，或与客户共同庆祝并积累成功体验。组织间的互惠互利也会具象化到人上，卖方对客户的价值也会体现到客户接口人及客户业务负责人的工作业绩、能力提升、内部形象、行业口碑和职业发展方面。卖方也需要对客户方的高潜力人员给予大力支持和帮助。

---

[1] Robert M. Morgan, Shelby D. Hunt. The Commitment-Trust Theory of Relationship Marketing[J]. Journal of Marketing. 1994-07, Vol. 58, No. 3: 20-38.

展开持续的良好沟通。除与企业的关键干系人和员工层面持续进行友好沟通外,卖方还要主动推进买卖双方商业实体间的正式沟通。其形式可以包括战略峰会、长期或中长期供应链协同、礼节性拜访或邀请来访等。

拒绝机会主义。我的一个朋友曾经以高薪高岗被招录到一家软件公司。他的新老板期望借助这个朋友的客户资源使公司从服务中小企业客户转为开辟大型企业客户。由于大型企业所需的软件比中小企业更为复杂,需要另外投入研发,老板同意在朋友入职两年内允许大客户业务亏损。朋友入职后,很快凭借之前的关系找到了几个客户,也想借着这些早期客户的项目打磨产品。然而由于业绩压力,老板在朋友入职没多久就开始催促他多卖几个大单。朋友认为产品雏形还没有研发出来,团队的开发和交付管理能力也都谈不上,如果继续加大销售力度,后续可能没办法保障交付,这可能会损害他和客户的现有关系,影响公司和自己的业内口碑。后面的故事暂且不提,我要说的是,企业有时需要在"冒险者"和"守信者"之间找出兼顾的区间,太过保守不利于创新,太过冒险则可能导致过度承诺,最终令客户失望。之前听说有其他软件公司在扩张期拼命打单以扩张业务,结果收完首付款之后,无法保证资源投入,交付资源被调来调去,大部分项目被延期,甚至有客户听说类似的案例后,评价这家供应商的生存方式就是仅收首付款。这里再提一个相反的案例。早些年在埃森哲工作时,同事接洽了一个项目,这个项目的方案、利润测算、客户信用都没有什么问题,但在标前评审时被驳回了,理由是在预计的项目周期内没有足够的合适资源。同事颇感不平地和我提及此事,当时我只是听听,多年以后才意识到项目核心资源对项目成败的影响,而一个爱惜羽毛的企业需要严控资源质量,通过塑造客户成功来维护口碑、打造可持续增长。说回机会主义,商业实体间的机会主义指买卖任一方利用信息不对称、合同漏洞或另一方不愿陷入纠纷的心态获取不公平的利益。卖方需要适当承担风险，尽量避免过度承诺，在双赢前提下面向客户成功推进交易，而非仅仅面向业绩。拒绝机会主义可以通过内部文化传播、设置评审点、加强风险控制等方式来实现。

提高切换成本。提高切换成本的核心是加强差异化竞争和客户融合。满足客户刚需且独特的产品、服务或解决方案是客户不能离开的原因之一，这需要企业在产品研发端发力。很多企业的研发和销售就像一对"冤家"，销售经常说研发做的产品不能满足真正的市场需求，研发则回复要是靠产品就能吸引客户那要销售做什么，这样的互驳带不来太多帮助，因此无论产品如何，客户服务或销售端都有必要尝试推动客户融合。融合的方式包括但不限于：联合创新；联合公关传播，如共同进行新闻发布；联合标准建立，如共同发布行业标准或白皮书；体系集成，如流程的相互打通和数字化集成。

以上组织级客户关系管理无法由销售团队独立完成，需要由负责客户管理的相关部门牵头推动。

11.5.2　客户期望和满意度管理

每个人几乎都有拨打过某公司客服电话的经历，多数情况下，当客服专员完成对人们的服务后，都会由系统让人们对刚完成的服务进行满意度打分。事实上，人的感受并不是在系统让人做评估时形成的，它产生于人和客服代表的互动过程中。当服务满足人的期望时，人会满意；当服务和人的期望有差距时，人则不太满意。满意度并不是非黑即白，而是一个从不满意到满意的区间。影响满意度的关键要素有两个：期望和感知。

管理满意度需要从理解客户期望开始。销售团队需要分别访谈、记录客户级别和项目级别关键干系人的期望，对客户的期望加以管理（参考4.4）。

在客户互动中，销售团队需要对客户期望予以关切和回应，使之落实到方案、项目交付进度和质量控制、沟通等方面。做好事要留名，销售团队需要与客户相关人员充分沟通，呈现为达成客户期望而付出的努力和得到的产出，以便提升客户感知。

满意度测量则是对基于客户期望的感知进行调查和评估。它分为三个层次。第一个层次，企业满意度调查，可在每一到两年执行一次，体现的是客户整体满意度。第二个层次，项目级满意度调查，可在项目完成后或每半年调查一次。第三个层次，事件级满意度调查，即评估客户对某一次咨询、投诉或其他服务的满意程度。满意度测量后，企业需要针对满意度短板进行根因分析和闭环改进。

11.5.3 客户体验管理

实践本书上述内容已实属不易，有条件进一步做精细化管理的企业可进行客户体验管理。如果企业尚处于创业期或成长初期，那么本节仅供参考。

在"瞄得准"一节中提到制定客户策略时，需要针对客户群确保客户旅程中的一致体验。除了策略层面，还可以从触点层面对客户体验进行精细化设计。客户触点是买方获知供应商信息和与供应商产生直接或间接互动的接触点。企业可沿着客户旅程梳理客户接触面（如知晓、认知、喜好、购买、使用、满意、忠诚或异动），细化其中相对闭环的具象场景（如客户来访），以及具象场景中的可操作环节（如接机），这些可操作环节即触点。接触点识别完毕后，可对它们进行排序，找到客户认为最重要且同行企业满足程度差异较大的触点。同行各企业对某触点的满足程度差异较大说明有"做出彩"的机会。之后，对优选触点着重设计。触点的设计需要遵从不同客户群的体验策略，平衡客户诉求和成本控制。需要注意的是，触点设计意图需要能够被客户感知，避免做了很多事情后客户感觉差异不大，甚至感觉不到差异。

11.6 跌不倒

有一家工程公司，项目总监赢了个大单，信誓旦旦地要做一个能帮助树立标杆、赢得口碑、锻炼团队、获得收益的项目。然而由于交付失误，被客户批评后将其更换。此后客户对这位项目总监爱理不理。项目总监左思右想，尽力想补救客户关系，然而事与愿违，多次拜访和真诚示好并没有带来"精诚所至，金石为开"的结果。直到有一天他收到消息，知道客户要在某地举办一个活动，该活动邀请了行业专家和相关的政府主管人员出席，比较重要。然而由于留给客户的准备时间不长，这位项目总监猜测活动准备可能比较仓促。结合收集到的更多细节信息，项目总监调度资源，带着一队礼仪人员直接到活动现场给予支援。此后，客户关系开始回暖。

客户关系补救花费的时间和精力会比较大。对客户数量少、业务可支持持续销售的企业而言，失去客户信任则意味着减少了业绩来源。与其拖到客户关系补救，不如先进行服务补救，阻止客户切换。

客户切换通常始于一个工作失误或一次客户不满，客户会在这个事件发生后首先解决问题，而不是直接更换供应商。一次优秀的问题解决甚至可能赢得客户的进一步信赖。客户不满的跟进或问题闭环解决可在一定程度上将客户拉回合作正轨。当服务补救不那么成功，销售团队需要进一步争取时间，由专题小组制定特殊处理方案时，客户负责人需要了解客户内部记录供应商库或将供应商拉入黑名单的流程,争取在客户修改供应商记录或拉入黑名单前完成服务补救。

当服务补救仍然无法让客户满意时,客户可能已经对供应商丧失期望。当客户不再向供应商寻求问题解决时,相当于发出了服务补救失败的信号,企业则需要进入客户关系补救环节。企业需要及时识别"关系变冷",对过往互动过程进行复盘和问题分析,进一步制定和采取补救措施。

11.7 思考总结

- 什么是客户关系?
- 客户关系管理的几个关键阶段是什么?
- 如何锚定目标客户、制定客户策略?
- 管理客户获取的要点包括哪些?
- 怎样为企业提供令客户满意的解决方案和交付?
- 如何促成客户持续购买?
- 服务补救和客户关系补救的意义是什么?所需的活动有哪些?

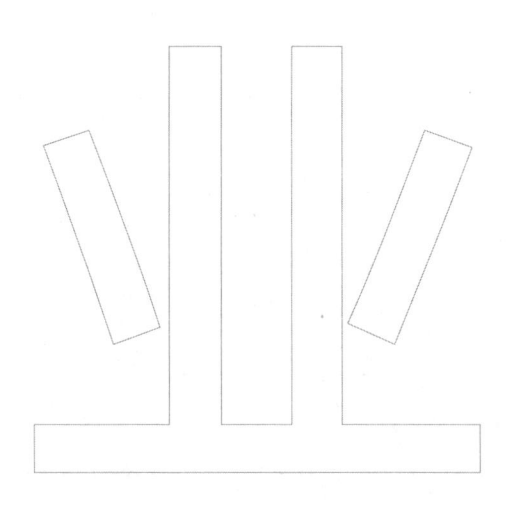

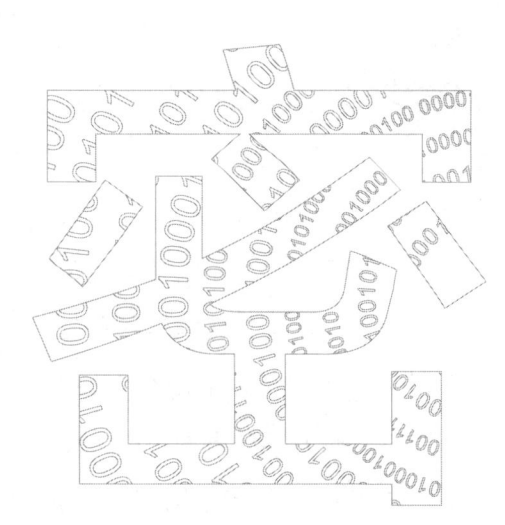

第 12 章

成长性销售组织：既要打仗，又要带兵

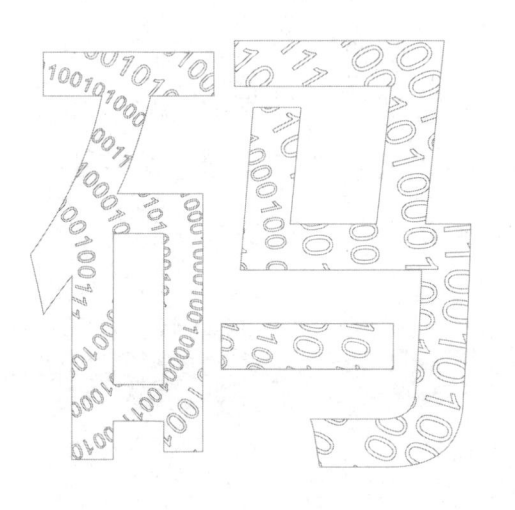

12.1 销售、售前、交付人才的职业发展

为了快速响应市场，越来越多的企业尝试把销售、售前、交付团队向一线倾斜。有些中型企业基于地域划分几个销售大区（本章用销售大区代指一级区域组织），由大区副总管理销售、售前和交付团队。然而两三年后发现，由于能力强的售前人员已被调往总部，以便可以随时调配到各地的大项目中，留在区域的售前人员经验尚浅，慢慢变成了销售的专属商务助理，挖掘客户需求和制定针对性解决方案的能力并没有提升；交付团队遇到难点时，也不知请教谁，大区副总前一年做了大项目，招聘了很多人，第二年项目结束后又把人裁掉了，而隔壁大区又处于缺人状态。

的确，在一线建立完整的销售到交付能力会让业务拓展更为敏捷。然而，在大区副总常常是销售背景人员的情形下，企业需要关注不同职能人员的职业发展，才能获得稳定的团队和持续提升的团队能力。

企业需要为客户责任人、解决方案责任人（售前）、交付责任人规划明确的职级，对每个职级明确其素质要求。注意，素质要求不是能干什么，而是能干成什么。输出素质能力模型并非目的，企业需要知道员工如何沿着职业等级发展，并依据素质能力模型的要求为员工补齐短板，促使其向下一个职级迈进。这样做可以帮助员工释放潜能，更好地达成业绩，也使得相应等级的薪酬获得"投资回报"。

12.2 活性知识的回收与赋能

数字化时代，企业的竞争在于能够快速从一线业务或其他任务中吸收经验，萃取成显性的知识，并用于企业规划、执行、管理方面的体系迭代。企业基于客户深度洞察所创造的定制化解决方案和相关的价值呈现方法是销售领域需要积累的核心知识之一。

中小型企业相对大型企业而言资源更有限，大部分投入都被用来"打粮食"，没有那么多人员可以专注地做赋能。结合2.2节的人力资源排布原则，企业可以决定如何安排售前和交付人员。在不同的人力资源排布方法下，需要设定相应的知识回收和赋能方法。第一种典型的资源排布方法是把能力较强的人员集中放在总部，以便应对"十口锅、八个盖"的问题，哪里需要这些人，就把他们搬到哪里。在这种资源排布下，知识回收和赋能可以由总部的售前、交付人员统一执行。有些企业觉得这样处理存在利润中心间结算或业绩切分的问题，但这是次要问题，首要问题是拿下业绩、持续发展。在第二种排布方法中，有些企业会把能力较强的人员分散到销售区域，尽管这样看来总部更为集约，能"打粮食"的人也都清晰地划分到了一线，财务归集更轻松，但这样做的代价可能是人力资源板结，不易跨区域调动，企业在一线战斗中积累下的经验难以沉淀回总部，更难以形成企业知识资产并扩大应用。第二种资源排布需要有"管理配伍"才能更好地发挥作用。比如，找到其他办法搭建赋能模型，由人力资源业务代表驱动跨区共享，或某团队打样后，由负责经营管理的团队完成类似解决方案的跨区域机会检索和方案推广。

对大型企业而言，可从总部到大区分别设置销售、售前、交付岗位，明确自上而下或同级赋能的责任部门。那么，此时员工在一线遇到问题，是应该向专业部门咨询，还是应该向大区副总询问？员工的绩效是应该由专业部门评估，还是应该由大区副总评估？大体来讲，涉及员工专业能力的问题，可以由专业部门支持；涉及特定交易决策的问题，则可基于专业支持由一线大区副总决策。矩阵式组织管理较好的企业，可在销售到回款的执行过程中，视情况从总部、销售区域等各层级抽调职级适合的员工，在项目侧完成"团队集结"，以项目制推进工作，由项目给出绩效，随后各专业人员的绩效回到所在专业部门进行综合评估。在尚未形成有效矩阵式管理的企业，可暂时采用一般性员工绩效承诺、评估、反馈、激励执行的管理方法。

12.3 协同、开放、创新

我的一个客户在推行线索到回款流程后，向我反馈说大家都知道自己的职能分工，也知道需要合作，但就是不知道在销售的过程中什么时候合作及怎样合作。我立刻询问了客户对联合工作计划的管理。如我所料，客户责任人并未牵头制订联合工作计划，并且由于销售、售前、交付团队仍然在向各自的领导汇报、负责，导致销售人员经常有"我能不能调动他们"的疑惑。

要想真正推进跨技能协同，企业不仅需要厘清职能职责，落实合同前由客户责任人牵头、合同后由交付责任人牵头的职责，还需要加强合同前、合同后的项目管理能力，包括但不限于立项时的资源争取、项目计划、项目执行和监督、项目财务管理、项目团队和干系人管理、经验教训总结等能力。

企业还需要不断凝聚文化共识、强化一致目标。雄心勃勃的销售团队经常天马行空，谨慎履约的交付团队经常深陷泥潭，这使得两个职能团队常常对项目交付的可行性判断发生分歧。而伟大的企业会甩开过往的羁绊，迈向万象更新的时代。销售、售前、交付人员不仅要加大协同，还要以开放的心态积极创新。这听起来像风凉话，但熟悉复杂解决方案销售的人大概都体验过其中的矛盾。企业可通过一手软、一手硬来解决这个问题，软的方面是协同文化的建设，硬的方面是激励机制的调整。

在发展中避免资源板结。客户团队或项目团队在完成区域开荒后，会沉淀出更好的客户资源。然而企业的扩张会要求身经百战的员工离开已经开垦好的领域，去往陌生之地，能否打造第二个水草丰盈之地取决于团队的智慧、韧性和一点点运气。对已经完成一轮拼搏的员工而言，不能持续享受过往工作的成果，还要挑战第二轮开荒，难免让人觉得压力重重、若有所失，当然也不排除有些人离开"没意思了"的暗自兴奋。正是由于经验丰富的员工勇担大任，才使得企业能够为更多同事，包括销售人员打造出更大的生存和发展空间。因此，摒弃资源板结应该是你、我、所有与政企销售有关人员的正确选择。

12.4 激励措施的跟进

推动销售、售前、交付和其他团队成员（如财务）的协同不仅要依靠企业成员的理念共识，还要求有配套的激励机制。企业需要依据当前的企业周期选择激励策略（如激励个人还是团队），并在策略前提下建立跨职能利益共享、风险共担的绩效评估和分配机制。

华为长、中、短期及即时激励框架下的"获取分享制"是大型企业行之有效的激励方法之一。其基本原则是将各大部门划分为利润中心，挣钱多的部门奖金池大，挣钱少的部门奖金池小，然后依据员工绩效评级决定员工能从奖金池中分得多少。利润中心不宜划分太小，可以管理、够用就行，最基本的单元可以是销售区域、产品线。简单来说，团队协作的成果决定奖金池的大小。员工绩效评级要在职能接近、岗级接近的范围内，依据业绩目标、个人和下属能力（如涉及）发展的达成情况做横向比较。获取分享制的实施有其前提，如高管对利润中心核算方法已经没有异议、企业已经解决协同问题。如果多数高管对利润中心核算方法仍有歧义，甚至"貌合神离"，那么推行获取分享制时就会卡在计算方法甚至数据获取的准确性上，使之难以落实。如果企业还没有解决协同问题，那么获取分享制则可能引起这样的辩论——"我们一起从客户那里挣了这么多钱，凭什么利润放在你那里，而不是我这里？""后台的员工太多了，要是我们业务单元自己管，根本不需要那么多研发、财务、人力、法务……"在协同问题没有解决时，基于利润中心核算的获取分享制可能会助长本位主义。较为稳妥的路径是，先通过流程解决协同问题，必要时择机展开利润中心核算，经过几轮核算，待大家接受了部门间结算、业绩拆分或双记、后台成本分摊等规则后，再在一定的数字化核算基础上，将其结果和收入分配挂钩。

对于未达盈亏平衡的企业，我不主动推荐"获取分享制"，因为企业在不怎么挣钱的时候，员工激励多来自人工成本而非净利润。企业可以做一些阶梯性的激励预算，但难以依据净利润来分配。此时从毛利或项目贡献利润中分配则会吃掉企业净利润，进一步带来经营压力。在这种情形下，与其关注繁杂的激励方案，不如多花精力先优化产品、拓展市场，再配以简单有效的分配方式。分配方式如个人业务承诺（Personal Business Commitments，PBC）绩效薪酬，并在PBC方案下利用跨职能共担衡量指标促进风险共担和利益共享。

创业期和成长初期的企业可更多地从愿景吸引、拉开分配差距让高绩效者脱颖而出、鼓励增量的角度进行结果驱动的激励，此时跨职能共担衡量指标仍可作为协同抓手。

由于各企业面临的阶段、员工内驱因素、人力资源稀缺程度各不相同，具体的激励方式还需要企业结合自身情况进行设计。

12.5 思考总结

- 推动销售、售前、交付人才职业发展对企业有哪些意义？怎样推动他们的职业发展？
- 如何加强企业一线经验的回收和更大范围内的经验、知识横向推广？
- 加强销售、售前、交付人员协作、开放、创新的方法有哪些？
- 如何通过激励措施保障政企销售所需的协作和业绩达成？

参考文献

[1] Prachi Juneja. Business to Business (B2B) Marketing - An Overview[OL]. Management Study Guide. [2023-03-08].

[2] 杰弗里·摩尔. 公司进化论[M]. 陈劲,译. 北京:机械工业出版社,2014: 26.

[3] 罗伯特·卡普兰,大卫·诺顿. 平衡计分卡：化战略为行动[M]. 刘俊勇,孙薇,译. 广州:广东经济出版社,2004.

[4] Balanced Scorecard[OL]. BAIN&COMPANY. 2023-01-31. [2023-03-09].

[5] Keith M. Eades. 新解决方案销售[M]. 武宝权,译. 2版. 北京:电子工业出版社,2019: 25.

[6] James M. Kouzes，Barry Z. Posner, Deb Calvert. Stop Selling and Start Leading: how to make extraordinary sales happen[M]. Hoboken: Wiley, 2018.

[7] 亚伯拉罕·马斯洛. 动机与人格[M]. 许金声,等译. 3版. 北京:中国人民大学出版社,2012: 19-80.

[8] Robert M. Morgan, Shelby D. Hunt. The Commitment-Trust Theory of Relationship Marketing[J]. Journal of Marketing. 1994-07, Vol. 58, No. 3: 20-38.

[10] 华为技术有限公司，埃森哲（中国）有限公司. 未来智慧园区白皮书[OL]. 华为. 2020-04. [2023-10-03].

[11] 华为，安永. 华为云零售数字化峰会成功举办[OL]. 中国连锁经营协会.

2022-07-27. [2023-10-03].

[12] Neil Rackham. SPIN Selling[M]. New York: McGraw-Hill, 1988.

[13] Edward O. Wilson. The Power of Story[OL]. American Educator. 2002-Spring. [2024-02-05].

后记

本书连续写了一年之久。其中有我十余年咨询经验的积累，有我的客户及其下游客户的反馈，有我孜孜不倦地对市场营销及客户行为学的温故知新、对最新研究成果和出版物的吸纳，也有我作为销售人员自身的反思。

本书首次归纳了政企销售中的三种基本销售模式，并将控单维度总结为"需""人""领""值""采"。我尽量用价值驱动的视角还原底层商业逻辑，以便读者可以避免东施效颦、刻舟求剑，进而可以利用底层商业逻辑来适配自身企业的具体场景。

由于行业、客户的多样性，尽管本书已大致区分销售模式和按照企业生命周期、企业规模来划分基础场景，我仍有必要承认本书的局限性，即它仅仅是政企销售商业规律的一般性归纳。就像"线索到回款"流程在华为内部几大业务群的应用已经不同，本书所列内容需要扎根企业的真实场景才能焕发生命力。我衷心期望本书能为读者带来启发，也希望读者能结合实际情况来兼收并蓄。

当然，我也鼓励独具慧眼的您总结自己的心得，用更好的方法使政企销售同行获益。如果您希望进一步沟通交流，可联系邮箱B2Bbiz@126.com。

最后，我还要感谢陪伴我一路走来的客户和其他商业伙伴，以及支持我写书的家人、朋友、合伙人、现在和以前的同事们，感谢你们的不吝赐教、激情碰撞和默默支持，得友相助，才让我有机会不断打磨内容并抽出时间完成本书。

反侵权盗版声明

电子工业出版社依法对本作品享有专有出版权。任何未经权利人书面许可，复制、销售或通过信息网络传播本作品的行为；歪曲、篡改、剽窃本作品的行为，均违反《中华人民共和国著作权法》，其行为人应承担相应的民事责任和行政责任，构成犯罪的，将被依法追究刑事责任。

为了维护市场秩序，保护权利人的合法权益，我社将依法查处和打击侵权盗版的单位和个人。欢迎社会各界人士积极举报侵权盗版行为，本社将奖励举报有功人员，并保证举报人的信息不被泄露。

举报电话：（010）88254396；（010）88258888
传　　真：（010）88254397
E-mail：　dbqq@phei.com.cn
通信地址：北京市万寿路 173 信箱
　　　　　电子工业出版社总编办公室
邮　　编：100036